# DA SOCIEDADE SIMPLES

Dados Internacionais de Catalogação na Publicação (CIP)
(Câmara Brasileira do Livro, SP, Brasil)

Roque, Sebastião José
    Da sociedade simples / Sebastião José Roque. -- 1. ed. -- São Paulo : Ícone, 2011. -- (Coleção elementos de direito)

    ISBN 978-85-274-1172-1

    1. Direito civil - Legislação - Brasil 2. Direito empresarial - Brasil 3. Sociedades comerciais I. Título. II. Série.

11-01044                                CDU-34:338.93(81)

Índices para catálogo sistemático:

1. Brasil : Sociedade simples : Direito
    empresarial    34:338.93(81)

# Sebastião José Roque

Bacharel, mestre e doutor em Direito pela Universidade de São Paulo;
Advogado e assessor jurídico empresarial;
Árbitro e mediador;
Professor de Direito;
Presidente do Instituto Brasileiro de Direito Comercial "Visconde de Cairu";
Presidente da Associação Brasileira de Arbitragem – ABAR;
Especialização nas Universidades de Bolonha, Roma e Milão e na de Panthéon-Sorbonne de Paris;
Professor da Universidade de Cosenza (Itália);
Autor de várias obras jurídicas.

# DA SOCIEDADE SIMPLES

1ª edição
Brasil – 2011

Ícone editora

© Copyright 2011
Ícone Editora Ltda.

**Coleção Elementos de Direito**

**Capa e diagramação**
Richard Veiga

**Revisão**
Saulo C. Rêgo de Barros
Marsely De Marco Dantas
Juliana Biggi

Proibida a reprodução total ou parcial desta obra, de qualquer forma ou meio eletrônico, mecânico, inclusive por meio de processos xerográficos, sem permissão expressa do editor (Lei nº 9.610/98).

Todos os direitos reservados para:
**ÍCONE EDITORA LTDA.**
Rua Anhanguera, 56 – Barra Funda
CEP: 01135-000 – São Paulo/SP
Fone/Fax.: (11) 3392-7771
www.iconeeditora.com.br
iconevendas@iconeeditora.com.br

# ODE AO ACADÊMICO

## O PODER DA MENTE

Pobre de ti se pensas ser vencido;
Tua derrota é um caso decidido.
Queres vencer, mas como em ti não crês
Tua descrença esmaga-te de vez.
Se imaginas perder perdido estás;
Quem não confia em si marcha para trás;
A força que te impele para frente
É a decisão firmada em tua mente.

Muita empresa esboroa-se em fracasso
Inda antes de dar o primeiro passo;
Muito covarde tem capitulado
Antes de haver a luta começado.
Pensa grande e teus feitos crescerão,
Pensa pequeno e irás depressa ao chão.
O querer é poder arquipotente,
É a decisão firmada em tua mente.

Fraco é quem fraco se imagina;
Olha ao alto quem ao alto se destina;
A confiança em si mesmo é a trajetória
Que leva aos altos cimos da vitória.
Nem sempre quem mais corre a meta alcança,
Nem mais longe o mais forte o disco lança,
Mas se és certo em ti, vai firme, vai em frente
Com a decisão firmada em tua mente.

*S. J. ROQUE*

# ÍNDICE

1. **DA SOCIEDADE SIMPLES,** 13
   - 1.1. As novas sociedades, **15**
   - 1.2. As raízes legislativas, **17**
   - 1.3. Divisão das atividades econômicas, **19**
   - 1.4. Relevância do novo tipo societário, **20**
   - 1.5. Os dois principais tipos de sociedade, **24**
   - 1.6. A era da especialização, **28**

2. **TIPOS DE SERVIÇOS PRESTADOS,** 31
   - 2.1. Serviços previstos por lei, **33**
   - 2.2. Informática, **33**
   - 2.3. Saúde, **34**
   - 2.4. Veterinária, **34**
   - 2.5. Cuidados pessoais, **35**
   - 2.6. Turismo, **35**
   - 2.7. Lazer, **35**
   - 2.8. Atividades artísticas, **36**
   - 2.9. Serviços bancários, **36**

2.10. Serviços de apoio, **38**
2.11. Seguros, **40**
2.12. Transportes, **40**
2.13. Comunicação, **41**
2.14. Engenharia, **41**
2.15. Cultura, **42**
2.16. Intermediação, **43**
2.17. Guarda de bens, **43**
2.18. Limpeza e manutenção, **44**
2.19. Correio, **44**
2.20. Serviços funerários, **44**
2.21. Serviços residuais, **45**
2.22. Propriedade industrial, **45**
2.23. Ampliação da área, **45**

3. **O TRABALHO INTELECTUAL,** 47
   3.1. Interpretação legal, **49**
   3.2. Atividade como Sociedade Simples, **51**
   3.3. Análise de exemplos práticos, **52**
   3.4. A atividade intelectual pela Sociedade Empresária, **54**

4. **O EMPRESÁRIO RURAL,** 57
   4.1. A nova figura de empresário, **59**
   4.2. Opção de modelo societário, **60**
   4.3. A atividade rural, **62**
   4.4. Características do empresário rural, **65**
   4.5. O modelo italiano, **65**

5. **CONSTITUIÇÃO E REGISTRO DA SOCIEDADE SIMPLES,** 67
   5.1. A constituição da Sociedade Simples, **69**
   5.2. Atos constitutivos, **71**
   5.3. Conceito de contrato social, **71**

5.4. Elementos essenciais, **72**
    5.4.1. Acordo de vontades, **72**
    5.4.2. Formação do capital, **73**
    5.4.3. *Affectio societatis*, **73**
    5.4.4. A obtenção de lucros, **74**
5.5. O registro dos atos constitutivos, **75**
5.6. O *status* de sócio, **78**

6. **DAS OBRIGAÇÕES E DIREITOS DOS SÓCIOS,** 81
6.1. A criação dos direitos e obrigações, **83**
6.2. Obrigações do sócio, **84**
    6.2.1. Contribuição social, **84**
    6.2.2. Transferência de quota, **85**
6.3. Direitos do sócio, **86**
    6.3.1. Participação nos lucros, **86**
    6.3.2. Direito de recesso, **87**
    6.3.3. Participação na gerência da sociedade, **88**
    6.3.4. Participação nas deliberações, **88**
    6.3.5. Fiscalização da gerência, **89**
    6.3.6. Exigências aos demais sócios, **89**

7. **DA ADMINISTRAÇÃO DA SOCIEDADE SIMPLES,** 91
7.1. O administrador da Sociedade Simples, **93**
7.2. Administração colegiada ou individualizada, **94**
7.3. Exigências para a investidura, **95**
7.4. Administração sob mandato, **96**
7.5. Indicação no contrato social, **98**
7.6. Responsabilidade dos administradores, **99**
7.7. Função intransferível e indelegável, **104**

8. **RELAÇÕES COM TERCEIROS,** 107
8.1. A sociedade no seu ambiente, **109**
8.2. Responsabilidade pessoal dos sócios, **111**

- 8.3. Direitos dos credores dos sócios, **114**
- 8.4. Situação do novo sócio, **117**
- 8.5. Partilha da quota do sócio, **118**

## 9. DA RESOLUÇÃO DA SOCIEDADE EM RELAÇÃO A UM SÓCIO, 121

- 9.1. Consequências da morte de sócio, **123**
- 9.2. A retirada de sócio, **125**
- 9.3. A exclusão de sócio, **128**
- 9.4. Avaliação do valor econômico da quota, **135**
- 9.5. Responsabilidade dos ex-sócios, **136**

## 10. EXTINÇÃO DA SOCIEDADE: DISSOLUÇÃO E LIQUIDAÇÃO, 141

- 10.1. Causas e fases da dissolução, **143**
- 10.2. Expiração de prazo, **146**
- 10.3. Consenso dos sócios, **146**
- 10.4. Deliberação dos sócios, por maioria absoluta, na sociedade por tempo indeterminado, **147**
- 10.5. Falta de pluralidade de sócios, não reconstituída no prazo de seis meses, **147**
- 10.6. Ausência de autorização oficial, **148**
- 10.7. Dissolução judicial, **149**
- 10.8. Previsão contratual, **151**
- 10.9. Nomeação do liquidante, **151**
- 10.10. A liquidação da Sociedade Simples, **155**
- 10.11. A partilha, **156**

## 11. DA SOCIEDADE DEDICADA À COMUNICAÇÃO DE MASSA, 159

- 11.1. Os serviços de comunicação, **161**
- 11.2. Restrições a estrangeiros, **163**
- 11.3. Registro da sociedade de comunicação de massa, **166**
- 11.4. Agência de propaganda, **168**

11.5. Agência de notícias, **169**
11.6. Agência de comunicação, **170**

## 12. DA SOCIEDADE CIVIL DEDICADA À PRÁTICA ESPORTIVA, 173

12.1. O tipo de atividade e de sociedade, **175**
12.2. Sociedade e associação, **176**
12.3. A sociedade esportiva, **179**
12.4. A sociedade esportiva e seu atleta, **181**
12.5. Associação deturpada, **183**
12.6. A fonte do direito esportivo e do esporte, **186**
12.7. A nova legislação, **190**

## 13. SOLUÇÃO SENSATA DE CONTROVÉRSIAS SOCIETÁRIAS, 197

13.1. O surgimento de litígios, **199**
13.2. Necessidade de fórmulas alternativas de solução de problemas, **200**
13.3. Características e vantagens da arbitragem, **203**
13.4. Tipos de arbitragem, **207**
13.5. Como se institui o juízo arbitral, **209**
13.6. O passivo judicial das empresas, **212**
13.7. A remuneração da arbitragem, **213**
13.8. As raízes brasileiras da arbitragem, **214**
13.9. As lições do passado, **215**

## 14. DESCONSIDERAÇÃO DA PERSONALIDADE JURÍDICA DA SOCIEDADE, 217

14.1. A personalidade jurídica da sociedade, **219**
14.2. O mau uso da personalidade, **220**
14.3. A *Disregard Theory*, **221**
14.4. A reação à fraude e ao abuso, **222**
14.5. A posição do Judiciário, **225**
14.6. A previsão legal brasileira, **227**

# 1. DA SOCIEDADE SIMPLES

**1.1.** As novas sociedades
**1.2.** As raízes legislativas
**1.3.** Divisão das atividades econômicas
**1.4.** Relevância do novo tipo societário
**1.5.** Os dois principais tipos de sociedade
**1.6.** A era da especialização

## 1.1. As novas sociedades

O novo Código Civil trouxe ao Direito Societário três novos tipos de sociedades, que receberam o nome de Sociedade Simples, Sociedade Limitada e Sociedade em Comum. Verdade é que uma versão delas já existia em nosso antigo direito, vale dizer, o direito anterior ao Código Civil de 2002. A sociedade limitada, por exemplo, existia com o nome de Sociedade por Quotas de Responsabilidade Limitada, regulamentada pela Lei 3.708, de 1919. Todavia, o Código Civil deu-lhe nova regulamentação, bastante diferente da estabelecida pela Lei 3.708/19, razão pela qual se pode dizer ser um tipo novo de sociedade.

Por seu turno, a Sociedade Simples não tinha previsão legal. Mesmo assim, não era totalmente desconhecida. Malgrado a lei não a previsse, havia um tipo de sociedade em prática, similar à atual Sociedade Simples, chamada vulgarmente de Sociedade Civil, caracterizada no próprio nome com a expressão S/C, ou por extenso, Sociedade Civil. Distinguia-se essa sociedade das outras, que eram consideradas sociedades mercantis. De forma semelhante, a Sociedade em Comum não era prevista, mas nosso direito, como o antigo Código Comercial, reconhecia, embora não lhe desse nome, uma sociedade vulgarmente denominada Sociedade Irregular, Sociedade de Fato, Sociedade Aparente e ainda por outras designações.

Cessaram, porém, as dúvidas e confusões em 2002, quando surgiu o novo Código Civil brasileiro, regulamentando claramente os diversos tipos de sociedades, identificando bem três delas: a Sociedade Simples, a Sociedade em Comum e a Sociedade Limitada. A primeira delas nos artigos 997 a 1.038, a segunda nos artigos 986 a 990 e a terceira nos artigos 1.052 a 1.112. Além de regulamentá-las, deu a cada uma um nome específico, diferente dos nomes adotados anteriormente. Durante a tramitação do projeto do Código Civil, o ilustre mestre da Faculdade de Direito da Universidade de São Paulo, Mauro Brandão Lopes, nos cursos de Pós-Graduação, realizava reuniões para debater a redação de nosso Código e propunha à Comissão Elaboradora do Código Civil certas ideias, inclusive sobre o nome das novas sociedades. O nosso contraparte nessa Comissão era o Professor Sílvio Marcondes, encarregado da parte referente ao Direito Empresarial. Fizemos sentir ao preclaro mestre nosso posicionamento favorável à adoção da nomenclatura convencional e antiga de Sociedade Civil e Sociedade Mercantil.

Não foi esta, porém, a posição da douta Comissão Elaboradora, que preferiu adotar a nomenclatura prevalecente, ou seja, Sociedade Simples e Sociedade Empresária. Não vimos motivo para nos entristecer pela rejeição dos nomes que havíamos proposto. Tanto faz um nome como o outro. O que interessa é a eficácia das normas estabelecidas para regulamentar as novas sociedades. O respeito profissional às figuras do mestre Sílvio Marcondes e demais membros, inclusive ao Presidente da Comissão, Professor Miguel Reale, nos fez conformar com a posição dos mestres ante à dos alunos de Pós-Graduação da USP. Talvez quisesse a Comissão manter a nomenclatura do Código Civil italiano, no qual se baseou a Comissão ao elaborar nosso código. Permaneceram assim as denominações de Sociedade Simples e Sociedade Empresária, que tiveram aceitação pelos juristas brasileiros.

## 1.2. As raízes legislativas

As fontes legislativas da Sociedade Simples encontram-se no direito europeu, mormente no Código Civil italiano de 1942, no qual a douta Comissão Elaboradora se baseou na elaboração do projeto e nosso código. Há um colorido suíço e francês nessa legislação, do qual falaremos adiante. A primeira influência do direito italiano está na própria designação de Sociedade Simples. Sua regulamentação é longa e minuciosa, começando no artigo 2.251, indo até o artigo 2.290, desdobrando-se em várias secções:
 I. Disposições Gerais – arts. 2.251 e 2.252
 II. Sobre as Relações entre os Sócios – arts. 2.253 a 2.265
 III. Sobre as Relações com Terceiros – arts. 2.266 a 2.271
 IV. Da Resolução da Sociedade – 2.272 a 2.283
 V. Da Resolução da Relação Social Limitadamente a um Sócio – arts. 2.284 a 2.290.

Essa divisão mantém muitas semelhanças com o que dispõe nosso Código Civil, conforme podemos ver:
 I. Do Contrato Social – Arts. 997 a 1.000
 II. Dos Direitos e Obrigações dos Sócios – Arts. 1.001 a 1.009
 III. Da Administração – Arts. 1.010 a 1.021
 IV. Das Relações com Terceiros – arts. 1.022 a 1.027
 V. Da Resolução da Sociedade em Relação a um Sócio – arts. 1.028 a 1.032
 VI. Da Dissolução – arts. 1.033 a 1.038

Com a promulgação do novo Código Civil brasileiro, em 2002, após vagar 27 anos pelo Congresso Nacional, enfrentando críticas e desconfianças, com tantos adversários e poucos defensores, passamos a ter novo quadro societário. Entre muitas inovações e tantas louváveis transformações, resolveu a situação do Direito Societário, até então confuso e obsoleto, desgastado por um século de quase imobilismo. Louvamos, então, a regulamentação da antiga sociedade civil agora com o nome de *sociedade simples,*

estabelecendo novo modelo societário. O antigo Código Comercial, de 1850, e algumas leis complementares, regulamentaram sete modelos societários:
- Sociedade por Quotas de Responsabilidade Limitada,
- Sociedade Anônima,
- Sociedade em Comandita por Ações,
- Sociedade em Comandita simples,
- Sociedade em Nome Coletivo,
- Sociedade de Capital e Indústria,
- Sociedade em Conta de Participação.

O novo código conserva ainda sete modelos societários, eliminando um deles: a sociedade de capital e indústria. Adicionou, porém, outra: a sociedade simples, e o fez de forma bem ampla, de tal forma que suas disposições alargam-se a outras formas societárias, como a sociedade em comum. Na ampla classificação das sociedades, surge nova nomenclatura, malgrado já houvesse essa classificação com outro nome.

Embora consideramos boa a nova classificação e a regulamentação da Sociedade Simples, muitos juristas estão dando outra interpretação a essa nova sociedade. Essas interpretações variadas nos levam a crer que a regulamentação tenha sido dada de forma não muito clara ou talvez incorreta. Segundo essas interpretações, pode ser sociedade simples também sociedade de outro modelo, desde que não se registre no Registro de Empresas e não exerça atividade mercantil. Fato é, entretanto, que o Código Civil não dá plena segurança na interpretação da Sociedade Simples, justificando assim interpretações díspares.

Devemos ressaltar novamente que a Sociedade Simples não é sucessora da Sociedade Civil, nem que tenha sido transformada em novo tipo. São sociedades distintas e diferentes, embora tenham muitas características comuns. A Sociedade Civil nem era regulamentada pela lei. Da mesma forma, a Sociedade Limitada não é a antiga Sociedade por Quotas de Responsabilidade Limitada, pois a regulamentação é por demais diferente. Podemos dizer que a Sociedade Simples e a Sociedade Limitada são novos tipos de sociedade, malgrado tenham se introduzido com a saída, do ordenamento jurídico, da Sociedade Civil e da Sociedade por Quotas por Responsabilidade Limitada.

## 1.3. Divisão das atividades econômicas

Para melhor compreendermos o ramo de atividade, também chamado segmento de mercado, da Sociedade Simples, devemos situá-la no campo das atividades econômicas, normalmente divididas em primárias, secundárias, terciárias. É importante essa distinção, porquanto a Sociedade Simples ocupa-se das atividades primárias e terciárias, nunca das secundárias.

### *Atividade primária*

A atividade primária compreende a extração de produtos naturais pelo ser humano. No seu relacionamento com a natureza, o ser humano obtém dela os produtos que comercializa, entregando-os ao mercado *"in natura"*. Vende o peixe que compra. É o caso da agricultura, em que o agricultor colhe os produtos da natureza, como, por exemplo, laranjas, e as entrega diretamente ao seu comprador, sem modificar a substância de seus produtos. Também é o caso da pesca: o pescador apanha os peixes do mar e os vende, tal qual os encontrou, a uma peixaria, que os vende aos consumidores. A peixaria comprou peixe e vendeu peixe. Outro caso de atividade econômica primária é a mineração: o ser humano extrai os metais da mina diretamente, sem exercer outro trabalho além da extração.

### *Atividade secundária*

A atividade secundária é mais evoluída. O ser humano modifica a natureza dos produtos que vêm da terra. Adiciona novos elementos a um produto natural ou exerce ação sobre ele, operando uma transformação, ou seja, recebe um produto e o passa adiante como outro. É uma indústria, uma manufatura, um artesanato. Por exemplo, colhe laranjas e as transforma em geleia de laranja. Os produtores de laranjas exercem atividade primária, mas o produtores de geleia de laranja exercem atividade secundária. Quem extrai o ferro, o carbono, o manganês diretamente da natureza exerce atividade primária. Quem combina esses minerais, funde-os a determinada temperatura, transformando-os em chapas de aço, estará na atividade secundária: é uma indústria. Compra metais e vende chapas de aço.

### Atividade terciária

A atividade terciária é a da prestação de serviços. Não se lida com mercadorias, mas com trabalhos a executar. Normalmente, esses serviços são altamente especializados, ou seja, executados com aprimoramento e perfeição constantes, elaborando elevada tecnologia. Se uma empresa prestadora de serviços não tiver tecnologia aprimorada para executar trabalho de sua especialidade mais eficiente e perfeito do que a empresa a que prestará seus serviços, ela não terá necessidade de dividir seus lucros com um terceiro. Ela própria executará esses serviços, sem proporcionar lucros a outrem.

## 1.4. Relevância do novo tipo societário

Tomemos por exemplo a indústria automobilística FIAT, cujo objeto social é a produção de veículos automotores. Essa empresa tem sua profissão, sua especialização, que constitui seu ramo de atividade: é a produção de veículos. Entretanto, essa mesma empresa mantém um restaurante para servir refeições a seus funcionários, um ambulatório médico e odontológico, um quadro de faxineiras para a limpeza da fábrica, um quadro de vigilantes, uma frota de veículos de transportes, um setor de propaganda e publicidade.

Todavia, a finalidade e especialização da FIAT é a de produzir automóveis e não a de fazer comida, nem de prestar serviços médicos e odontológicos, nem de transportar pessoas e mercadorias, nem de fazer publicidade, nem de limpeza e vigilância. Na era da especialização profissional, será preferível deixar o serviço de refeições a uma empresa especializada nesse tipo de trabalho, pois se a FIAT nasceu para fazer automóveis nunca será uma boa cozinheira. Os serviços médicos ficam a cargo de empresas e profissionais desse setor; eles já têm tecnologia adequada, profissionais especializados, equipamentos para o serviço, hospitais, ambulatórios, enfim toda a estrutura necessária para a execução de seus serviços; estrutura que uma indústria automobilística dificilmente e custosamente conseguiria montar. A FIAT sabe montar automóveis, mas não montar serviços médicos.

Eis porque, na moderna administração empresarial, a prestação de serviços, a atividade terciária, passou a ocupar lugar de realce na economia e no direito. Ensejou o aparecimento de grande número de empresas civis, as prestadoras de serviços. Essas empresas se revestem da forma societária da Sociedade Simples, que nasceu exatamente para regulamentar esse tipo de atividades. Vamos citar um exemplo bem importante, sugestivo e esclarecedor, atingindo uma empresa famosa e levada à insolvência em vista de sua política superada em vários sentidos. A VARIG, a maior empresa de aviação do Brasil, era uma empresa disposta a fazer tudo, sem dar oportunidade a serviços terceirizados. Os serviços médicos aos funcionários eram feitos por ela própria; o cafezinho que servia a bordo dos aviões vinha de café produzido em suas fazendas, torrado e moído nelas. O restaurante da empresa também servia carne, arroz, feijão e outros ingredientes das refeições, produzidos em suas propriedades agrícolas, e assim eram também as refeições servidas nos aviões. Os serviços de limpeza e vigilância eram totalmente executados por funcionários seus. Toda a publicidade da VARIG era feita por uma agência exclusiva sua. A atividade bancária da empresa era feita no Banco Varig, de sua exclusiva propriedade. Não havia serviços terceirizados. O resultado dessa política empresarial resultou em maus serviços fora da aviação; a empresa desenvolveu alta tecnologia na prestação de serviços aéreos, pois esta era a sua especialidade: para isso ela nasceu.

Esse sistema foi predominante na primeira metade do século XX, não só no Brasil, mas em quase todos os países. Quase exatamente igual à VARIG, havia outra empresa que operava no mesmo sistema: a MESBLA, que também tinha um banco, em que centralizava suas operações bancárias. Grande parte das empresas brasileiras seguiam esse sistema, ao que parece, importado de outros países.

Influenciou a formação dessa mentalidade a Encíclica *RERUM NOVARUM*, promulgada pelo Papa Leão XIII, cognominado o Papa dos Operários. Essa encíclica recomendava às empresas que tutelassem o bem-estar de seus empregados, dando-lhes assistência completa: médica, social, psicológica, material. Seguindo essa orientação, as empresas passaram a se constituir em verdadeiro país, ou como se fossem uma cidade. Daí se estenderam a outros aspectos, inclusive na elaboração de todos os serviços executados pelas empresas. Houve uma empresa francesa famosa, a Michelin, que montou um parque industrial tão vasto, que era chamado de cidade; essa cidade tinha até o seu prefeito, que era remunerado pela empresa. Retrata essa situação uma história divulgada largamente, quando já se notavam reações contra a política do paternalismo e da concentração de poderes nas mãos de uma empresa. Hervé, filho de um funcionário da Michelin, atingiu a idade para o trabalho e foi trabalhar na empresa do pai. Posteriormente, casou-se com uma colega de trabalho e foi morar numa casa cedida pela empregadora. Comprava seus mantimentos na cooperativa da Michelin, recebia seu salário pelo banco dela, utilizava serviços médicos dados também por ela. Teve filhos que nasceram no hospital dessa empresa, encaminhados depois para a escola da Michelin e, quando chegou a idade de trabalho, entraram na empresa do pai e do avô. Hervé, porém, morreu e ao sair o enterro, o diretor de sua empregadora disse que ele iria ser sepultado no cemitério de sua empresa. Hervé, entretanto, não resistiu; pulou do caixão e gritou: "Essa não, toda a minha vida fiquei na dependência da Michelin, mas depois de morto quero me ver livre dela".

A importância que a atividade terciária viria a assumir no final do século XX não passou despercebida, no direito; aliás, desde os tempos do direito romano. O Código Comercial francês de 1808 previu a participação de profissionais especializados nas atividades empresariais; na esteira do código francês, nosso código transplantou um título denominado "Dos Agentes Auxiliares do Comércio", com os artigos 35 a 118.

O direito brasileiro era tão atrasado, tão anacrônico, que não levava em consideração esse tipo de sociedade, vale dizer, a forma societária de que se reveste a empresa prestadora de serviços, chamada vulgarmente de *sociedade civil*. O Cartório de Registro Civil de Pessoas Jurídicas exigia que no nome dessa empresa houvesse a indicação da natureza jurídica por extenso ou abreviada. Por exemplo:
- Empresa de Serviços Técnicos Alvorada S/C Ltda.
- Ajuri Contabilidade, Sociedade Civil Ltda.

Era a forma de distinguir e caracterizar a sociedade civil, olhada então com inferioridade. A expressão "Sociedade Civil" era utilizada em várias acepções, mas vamos considerá-la no âmbito societário, com a designação de um tipo de sociedade que dá forma a um determinado modelo de empresa. Não deixa de ser empresa revestida de forma societária. Há um velho ditado caboclo dizendo que cachorro que tem dois donos morre de fome, pois um dono passa o encargo para o outro. O mesmo fenômeno vinha ocorrendo com a sociedade civil, antes que surgisse o Código Civil de 2002. Se era sociedade formalizadora de empresa com fim lucrativo, devia ser alvo do Direito Empresarial, pelo que se depreendia do Direito Civil. Por outro lado, se era uma sociedade civil, julgava o Direito Empresarial estar fora de seu âmbito e evitava intrometer-se na seara alheia. Ficou assim a sociedade civil uma órfã enjeitada do direito. Não havia estudos sérios sobre ela, mas apenas referências esparsas.

Muitas diferenças existem entre a sociedade civil e a sociedade mercantil e sobre elas já falamos e deveremos falar muito mais. O novo código dá nome diferente a essas sociedades, chamando-as de sociedade simples e de sociedade empresária. A principal e mais sugestiva é quanto à modalidade do objeto social. A sociedade tem sempre o objeto e o objetivo: o objeto é o seu ramo de atividade, a sua profissão, também chamado segmento de mercado; o objetivo é o lucro, seja ela sociedade simples ou sociedade empresária. Neste aspecto, apresentam uma característica comum: o intento lucrativo. Essa característica distingue então a sociedade de outros agrupamentos sociais, como a associação e a fundação.

Por esse motivo houve restrições à designação de *sociedade empresária*. Para nós, toda sociedade reveste a forma jurídica de uma empresa; enfim, toda sociedade é empresa. A Sociedade Simples é uma empresa: a empresa prestadora de serviços. Não produz e vende mercadorias, mas não deixa de ser uma empresa: persegue lucros, exerce atividade econômica organizada e se destina à produção de bens para a satisfação do mercado consumidor. Amolda-se, pois, à definição dada à empresa, conforme consta do artigo 982 do Código Civil italiano, no que foi seguido pelo nosso Código Civil:

> *Considera-se empresário quem exerce profissionalmente atividade econômica organizada para a produção ou a circulação de bens e de serviços.*

Portanto, se a Sociedade Simples exerce profissionalmente atividade econômica organizada para a produção ou a circulação de serviços, é uma empresa. Em nossa opinião, tanto o código italiano como o brasileiro usam inadequadamente a expressão "bens" para designar mercadorias. "Bem" é todo aquilo que satisfaz às necessidades humanas, e portanto, serviços também são bens. E certo seria dizer "mercadorias e serviços". Mesmo assim, a definição legal de empresa aplica-se plenamente à Sociedade Simples.

## 1.5. Os dois principais tipos de sociedade

O novo Código Civil elegeu dois tipos de sociedade como as principais no cenário jurídico societário: a Sociedade Simples e a Sociedade Limitada. Não pode olvidar a importância da S.A., forma normalmente utilizada para as grandes empresas. Todavia, as S.A. são em número diminuto em relação às outras duas. Assim, milhões de sociedades simples formam força econômica maior do que as poucas centenas de S.A. Essa força tende a crescer, principalmente se levarmos em conta o realce que a lei e o Poder Público vêm emprestando às micro e pequenas empresas. É a razão pela qual sentimos a necessidade desta obra: um esforço de interpretação dessas duas sociedades, tendo em vista que surgiram recentemente, faltando a elas, portanto, bibliografia que só agora está sendo elaborada, e jurisprudência própria.

Paralelamente, teremos que levar em consideração outros dois tipos de sociedade introduzidos pelo nosso código, nomeadas de Sociedade Simples e Sociedade Empresária. Há íntima conexão nessa tipologia, pois um corresponde ao outro.

A Sociedade Simples é aplicada às empresas que se dedicam às atividades terciárias, ou seja, à prestação de serviços. É também chamada de sociedade civil, em vista de ser registrada no Cartório de Registro Civil de Pessoas Jurídicas e não no Registro de Empresas. Seu objeto social é a prestação de serviços, tais como limpeza, vigilância, propaganda, assistência médica e odontológica, promoção de eventos, contabilidade, instalações industriais e domésticas, e muitas outras. Pode também se dedicar a atividades primárias, como, por exemplo, à agricultura. Às vezes, é desse tipo por força ou autoridade da lei, vale dizer, quando disposições legais obrigam-na a ser sociedade simples. Estão nessas condições as sociedades simples que se dedicam a atividades agropecuárias e administração de bens. A lei regulamentadora das cooperativas declara que essas empresas sejam equiparadas às sociedades simples. O que ela não pode é dedicar-se à atividade secundária, vale dizer, à produção e distribuição de mercadorias.

As sociedades simples que dão forma às empresas de prestação de serviços especializados aumentam em número e prosperam. Um dos motivos pelos quais essas empresas tenham sido relegadas ao segundo plano foi a sua fraca participação nas atividades empresariais, só tendo sobressaído no mundo moderno.

Pelo que estamos falando, notam-se várias características sugestivas na Sociedade Civil. A primeira é a de que ela não pode exercer atividade mercantil, assim considerada a produção ou venda de mercadorias. A expressão mercantil é cognata de mercadoria, mercado, mercatura, mercante, mercador. Em vez de trabalhar com mercadorias, trabalha com serviços.

Em segundo lugar, esse tipo de sociedade não se registra no Registro de Empresas, mas no Cartório de Registro Civil de Pessoas Jurídicas, tendo, pois, órgão de registro diverso da sociedade empresária. É conveniente citar que esses dois órgãos têm cada um sua lei regulamentadora.

Citaremos como terceira característica o fato de suas normas serem aplicáveis subsidiariamente às sociedades mercantis. Achamos um tanto estranha essa disposição, pois se ela não pode exercer atividades mercantis, como pode haver aplicação de suas normas às sociedades mercantis? Seria mais apropriado estabelecer que as normas atinentes à Sociedade Limitada (semelhantes às da Sociedade Simples) sejam aplicadas às demais sociedades mercantis.

Apontamos ainda a quarta característica da Sociedade Simples: não se aplica a ela a Lei de Recuperação de Empresas (Lei 11.101/2005), não sendo portanto esse tipo societário sujeito à falência, da mesma forma como não poderá requerer os benefícios da Recuperação Judicial, que é facultada só às empresas mercantis, isto é, à sociedade empresária.

A Sociedade Empresária é também chamada vulgarmente de sociedade mercantil, por se dedicar a operações referentes a mercadorias. Toda empresa industrial será sociedade mercantil, pois produz mercadorias. Os estabelecimentos de varejo são também sociedades empresárias, porquanto trabalham com mercadorias; não produzem, mas compram e vendem mercadorias.

Também adquirem essa posição por força ou autoridade da lei; é o caso da sociedade anônima, sempre sociedade empresária, ainda que se dedique à prestação de serviços, segundo diz a própria lei que regulamenta as sociedades por ações. A sociedade simples não é atingida pelo Direito Falimentar, ou o hoje falado Direito de Recuperação de Empresas, não sendo possível a decretação de sua falência, como também não poderá requerer os benefícios da Recuperação Judicial, pelo que declara a própria Lei de Recuperação de Empresas.

Queixava-se muito pelo fato de não haver previsão legal sobre a sociedade civil, hoje denominada sociedade simples, ante a expansão extraordinária das atividades chamadas juridicamente de civis, principalmente as de prestação de serviços. Estamos na era do desenvolvimento tecnológico, na qual é exigido aprimoramento constante. A tecnologia exige profissionalização e especialização: todo trabalho deve ser executado por profissional, ou seja, quem faz daquele trabalho seu meio de vida e sua carreira. O profissional, por sua vez, deve ser especializado numa função ou num grupo de funções conexas: não existe especialista de generalidades, chamado pejorativamente de "peão". O profissional especializado está ainda sujeito a intenso aprimoramento, a treinamento constante, que lhe faculte permanecer a par das transformações tecnológicas e se adaptar às novas técnicas de trabalho.

Ao nosso modo de ver, a característica diferenciadora mais sugestiva entre as duas sociedades é, porém, o objeto, mais precisamente chamado de objeto social; nele reside a maior diferença. O ato constitutivo da sociedade deve trazer de forma nítida o objeto social: se irá se dedicar à indústria, ao comércio, à prestação de serviços, à agricultura, à pecuária, à mineração, à pesquisa, enfim, a que ramo de atividade. Paralelamente às profissões, o objeto social equivale à profissão da sociedade, à sua especialização. É preciso, porém, que seu objeto seja expresso de modo bem claro e preciso; não basta, por exemplo, dedicar-se à indústria, porém, a que tipo de indústria; será têxtil, química, metalúrgica, alimentação?

Vamos encontrar, então, inúmeros objetos sociais, e eles determinarão a mercantilidade ou não da sociedade. A sociedade empresária tem como objeto a intermediação entre as fontes de produção de mercadorias e o mercado consumidor. É o caso da indústria e do comércio em sentido estrito. O que faz a empresa varejista: compra de certos fornecedores por atacado as mercadorias e as vende aos consumidores: fez a intermediação entre fornecedores e consumidores, o que vem caracterizar a atividade mercantil. A sociedade industrial age de forma diferente, mas semelhante: compra muitas mercadorias de fornecedores e as faz chegar às mãos dos consumidores; antes, porém, manipula essas mercadorias, transformando-as em outras. Mesmo assim, não deixa de realizar a mediação entre fornecedores e compradores, ou seja, faz mercadorias saírem das mãos de uns e chegarem às mãos de outros. É o que fazem as sociedades empresárias, também chamadas sociedades mercantis.

Contudo, empresas de outro tipo social serão encontradas. São as empresas prestadoras de serviços. Elas não fabricam mercadorias nem as vendem: criam e vendem serviços. Não fazem intermediação entre produtores e consumidores, pois elas próprias produzem os serviços que fornecem. Não exercem nem a indústria nem o comércio em sentido estrito, ou seja, comprar por atacado para vender a varejo. Operam mais como assessoras das empresas, prestando a elas serviços especializados.

Os serviços profissionais especializados prestados pelas empresas de prestação de serviços são muitos hoje em dia e deles faremos um estudo e enumeração no próximo capítulo. O Direito Tributário, pela lei que regulamenta o ISS – Imposto sobre Serviços, ou seja, a Lei Complementar 116/2003, aponta inúmeras atividades de prestação de serviços, como: limpeza, vigilância, psicologia, pesquisas, recrutamento de pessoal, serviços médicos e odontológicos, promoções artísticas e esportivas, hotéis, agências de viagens e turismo, organização de festas (bufê), transportes, agências funerárias. As empresas que se dedicam a tais atividades são civis e não mercantis.

## 1.6. A era da especialização

Tomemos por base as operações de um faxineiro, considerado um trabalhador na escala mínima da atividade profissional, como se dissesse "qualquer um serve". Muitos não o consideram um profissional, mas um "peão", alguém sem especialização, do qual não se deve exigir nível de conhecimento e de cultura, nem treinamento para a função. Só se exige dele saúde e força física, com base no princípio "baiano nasceu para fazer força". Só não pode ser deficiente visual, sem braços e sem pernas. Esse critério de julgamento leva empresas a amargar sérios prejuízos financeiros e manutenção de má qualidade dos serviços internos.

O faxineiro é um profissional importante, do qual se exige formação técnica adequada, treinamento constante e aprimoramento na sua tecnologia de trabalho. Varrer o chão é tarefa exigente de um trabalho consciente. O chão pode ter piso de cimento, de terra, de granito, de madeira, de carpete ou tapete, de pedra, de cerâmica, de ladrilho, de plástico; para cada um desses tipos de piso exige-se uma vassoura adequada ou instrumento apropriado e uma metodologia de trabalho especial. Alguns pisos precisam ser varridos e lavados, e não se lava um piso de carpete da mesma forma que um de ladrilho. Além do mais, o faxineiro usa produtos químicos no seu trabalho de limpeza, cada um com uma finalidade específica.

Em certa ocasião, numa rua pública, um faxineiro varria a calçada contra o vento, de tal maneira que parte da poeira varrida retornava ao local em que estava. Viu-se um faxineiro que limpou os vidros da fachada de um prédio em menos de uma hora, usando metodologia de trabalho adaptada a esse serviço; serviu-se de um esguicho de água e pequeno rodo para lavagem dos vidros, utilizando-se de sua habilidade manual conseguida graças a treinamento contínuo. Esse mesmo serviço, executado por faxineiro sem especialização e profissionalização, poderia demorar vários dias para sua execução. Vê-se, pois, que o faxineiro, executando seu trabalho sem metodologia tecnicamente elaborada, alongaria suas operações no tempo, gastaria materiais inutilmente e manteria o local mal preparado para a execução de outros serviços, graças ao seu trabalho ineficiente e custoso. Não cabe culpa ao faxineiro, mas à concepção geral de que não estamos na era da especialização e não vale a pena perder tempo em ensinar o faxineiro a trabalhar quando a nossa empresa tem problemas mais importantes.

Urge, pois, a consideração da tecnologia e da metodologia de trabalho como fator essencial da produção e da administração empresarial. E esse fator só se consegue com a profissionalização e especialização dos que prestam serviços, por mais simples que pareçam. Imperioso se torna aprimorar a produtividade desses prestadores de serviços, graças à educação profissional especializada. A FIAT não iria se desviar de sua função de produzir veículos, para dedicar-se ao aprimoramento de seus faxineiros, como também não faria com seus cozinheiros: esses profissionais não são a prioridade de uma indústria automobilística. Só uma empresa especializada em limpeza, que tenha o faxineiro como seu fator primordial de produção, aplicaria seu esforço para atingir a produtividade desse profissional, garantindo seu sucesso.

Eis por que a terceirização de serviços se implantou no moderno universo empresarial, valorizando as empresas prestadoras de serviços, realçando a importância da especialização profissional e o desenvolvimento da tecnologia na administração empresarial. E a decorrência foi o surgimento da Sociedade Simples, amoldada a essas empresas.

# 2. TIPOS DE SERVIÇOS PRESTADOS

**2.1.** Serviços previstos por lei
**2.2.** Informática
**2.3.** Saúde
**2.4.** Veterinária
**2.5.** Cuidados pessoais
**2.6.** Turismo
**2.7.** Lazer
**2.8.** Atividades artísticas
**2.9.** Serviços bancários
**2.10.** Serviços de apoio
**2.11.** Seguros
**2.12.** Transportes
**2.13.** Comunicação
**2.14.** Engenharia
**2.15.** Cultura
**2.16.** Intermediação
**2.17.** Guarda de bens
**2.18.** Limpeza e manutenção
**2.19.** Correio
**2.20.** Serviços funerários
**2.21.** Serviços residuais
**2.22.** Propriedade industrial
**2.23.** Ampliação da área

## 2.1. Serviços previstos por lei

Temos falado sobre alguns exemplos de serviços próprios da Sociedade Simples.

Entretanto, a Lei aponta vasta gama de serviços, quase um quadro completo deles. A relação está estabelecida pela Lei Complementar 116/2003. Esta lei traz uma relação anexa dos serviços compreendidos no âmbito do ISS (Imposto Sobre Serviços), imposto que caracteriza como "serviço" o trabalho executado pela Sociedade Simples. Vamos seguir, então, essa gama de serviços.

## 2.2. Informática

Serviços de informática e congêneres, tais como análise e desenvolvimento de sistemas, programação, processamento de dados e congêneres, elaboração de programas de computadores, inclusive de jogos eletrônicos. Licenciamento ou cessão de direito de uso de programas de computação, assessoria e consultoria em informática. Suporte técnico em informática, inclusive instalação, configuração e manutenção de programas de computação e banco de dados, planejamento, confecção, manutenção e atualização de páginas eletrônicas.

## 2.3. Saúde

Serviços de saúde, assistência médica e congêneres: medicina e biomédica, instrumentação cirúrgica, acupuntura, enfermagem, inclusive serviços auxiliares, serviços farmacêuticos, terapia de qualquer espécie destinadas ao tratamento físico, orgânico e mental. Nutrição, obstetrícia, odontologia, ortopedia, próteses sob encomenda, psicanálise, psicologia, casas de repouso e de recuperação, creches, asilos e congêneres, inseminação artificial. Fertilização *"in vitro"* e congêneres, bancos de sangue, leite, tecidos, pele, olhos, óvulos, sêmen e congêneres; coleta de sangue, leite, tecidos, sêmen, órgãos e materiais biológicos de qualquer espécie. Unidade de atendimento, assistência ou tratamento móvel e congêneres. Planos de medicina de grupo ou individual e convênios para prestação de assistência médica, hospitalar, odontológica e congêneres. Outros planos de saúde, que se cumpram por meio de serviços de terceiros contratados, credenciados, cooperados ou apenas pagos pelo operador do plano mediante indicação do beneficiário.

## 2.4. Veterinária

Serviços de medicina e assistência veterinária e congêneres, zootecnia, hospitais, clínicas, ambulatórios, prontoatendimentos e congêneres, laboratórios de análise na área veterinária, inseminação artificial, fertilização *"in vitro"*, bancos de sangue, leite, tecidos, sêmen, órgãos e materiais biológicos, unidade de atendimento, assistência ou tratamento móvel, guarda, tratamento móvel, guarda, tratamento ou adestramento, embelezamento, alojamento, planos de atendimento e assistência médico-veterinária.

## 2.5. Cuidados pessoais

Barbearia, cabeleireiras, manicure, pedicure, estética física, tratamento de pele, depilação, banhos, duchas, sauna, massagens, ginástica, danças, esportes, natação, artes marciais e demais atividades físicas, centros de emagrecimento, "spa".

## 2.6. Turismo

Serviços relativos a hospedagens de qualquer natureza em hotéis, *"apart-service"*, condominiais, *"flat"*, "apart-hotéis" agenciamento, organização, promoção, intermediação e execução de programas de turismo, excursões, passeios, viagens. Guias de turismo.

## 2.7. Lazer

Serviços de diversões e entretenimento; espetáculos teatrais. Exibições cinematográficas, espetáculos circenses, programas de auditório. Parque de diversões, centros de lazer, boates, táxi-dancing, *shows*, balé, danças, desfiles, bailes, óperas, concertos, recitais, festivais, festas, exposições, congressos, bilhares, boliches, diversões eletrônicas ou não, corridas e competições de animais.

Competições esportivas ou de destreza física e intelectual, com ou sem a participação do espectador. Execução de música, produção, mediante ou sem encomenda prévia, de eventos e espetáculos, entrevistas, *shows*, balé, danças, desfiles, bailes, teatros, óperas, concertos recitais, festivais. Fornecimento de música para ambientes fechados ou mediante transmissão por qualquer processo.

Exploração de salões de festas, centro de convenções, escritórios virtuais, *stands*, quadras esportivas, estádios, ginásios, auditórios, casas de espetáculos, parque de diversões, canchas e congêneres, para realização de eventos ou negócios de qualquer natureza.

## 2.8. Atividades artísticas

Desfile de blocos carnavalescos ou folclóricos, execução de trios elétricos.

Exibição de filmes, entrevistas, musicais, espetáculos, *shows*, concertos, desfiles, óperas, competições esportivas, de destreza intelectual; recreação e animação, inclusive em festas e eventos de qualquer natureza; serviços relativos à fonografia, fotografia, cinematografia e reprografia; fonografia ou gravação de sons, inclusive revelação, ampliação, cópia, reprodução, trucagem; reprografia, microfilmagem e digitalização. Composição gráfica, fotocomposição, clicheria, zincografia, litografia, fotolitografia. Serviços de ourivesaria e lapidação (quando o material for fornecido pelo tomador do serviço). Serviços relativos a obras de arte sob encomenda.

Serviços relativos à fonografia, fotografia e reprografia, gravação de sons, inclusive trucagem, dublagem, mixagem e congêneres. Fotografia e cinematografia, inclusive revelação, ampliação, cópia, reprodução, trucagem e congêneres. Reprografia, microfilmagem e digitalização. Composição gráfica, fotocomposição, clicheria, zincografia, litografia, fotolitografia.

## 2.9. Serviços bancários

Serviços relacionados ao setor bancário ou financeiro, inclusive aqueles prestados por instituições financeiras autorizadas a funcionar pela União ou por quem de direito. Administração de fundos quaisquer, de consórcios, de cartão de crédito ou débitos e carteira de clientes, de cheques pré-datados. Abertura de contas em geral, inclusive conta-corrente, conta de investimentos e aplicações de cadernetas de poupança, no País e no exterior, bem como a manutenção das referidas contas ativas e inativas. Locação e manutenção de cofres particulares, de terminais eletrônicos, de terminais de atendimento e de bens e equipamentos em geral.

Fornecimento ou emissão de atestados em geral, inclusive atestado de idoneidade, atestado de capacidade financeira e congêneres. Cadastro, elaboração de ficha cadastral, renovação cadastral e congêneres, inclusão ou exclusão no Cadastro de Emitentes de Cheques sem Fundos – CCF ou quaisquer outros bancos cadastrais.

Emissão, reemissão e fornecimento de avisos, comprovantes e documentos em geral. Abono de firmas. Coleta e entrega de documentos, bens e valores; comunicação com outra agência ou com a administração central. Licenciamento eletrônico de veículos. transferência de veículos, agenciamento fiduciário ou depositário; devolução de bens em custódia.

Acesso, movimentação, atendimento e consulta a contas em geral, por qualquer meio ou processo, inclusive por telefone, fac-símile, Internet e telex, acesso a terminais de atendimento, inclusive vinte e quatro horas. Acesso a outro banco e a rede compartilhada. Fornecimento de saldo, extrato e demais informações relativas a contas em geral, por qualquer meio ou processo.

Emissão, reemissão, alteração, cessão, cancelamento e registro de contrato de crédito; estudo, análise e avaliação de operações de crédito; emissão, concessão, alteração ou contratação de aval, fiança, anuência e congêneres; serviços relativos a abertura de crédito, para quaisquer fins.

Arrendamento mercantil (*leasing*) de quaisquer bens, inclusive cessão de direitos e obrigações, substituição de garantia, alteração, cancelamento e registro de contrato, e demais serviços relacionados ao arrendamento mercantil (*leasing*).

Serviços relacionados a cobranças, recebimentos ou pagamentos em geral, de títulos quaisquer, de contas ou carnês, de câmbio, de tributos e por conta de terceiros, inclusive os efetuados por meio eletrônico, automático ou por máquinas de atendimento. Fornecimento de posição de cobrança, recebimento ou pagamento; emissão de carnês, fichas de compensação, impressos e documentos em geral.

Devolução de títulos, protesto de títulos, sustação de protesto, manutenção de títulos, reapresentação de títulos, e demais serviços a eles relacionados.

Custódia em geral, inclusive de títulos e valores mobiliários.

Serviços relacionados a operações de câmbio em geral, edição, alteração, prorrogação, cancelamento e baixa de contrato de câmbio; emissão de registro de exportação ou de crédito; cobrança ou depósito no exterior; emissão, fornecimento e cancelamento de cheques de viagem; fornecimento, transferência, cancelamento e demais serviços relativos a carta de crédito de importação, exportação e garantias recebidas; envio e recebimento de mensagens em geral relacionadas a operações de câmbio.

Fornecimento, emissão, reemissão, renovação e manutenção de cartão magnético, cartão de crédito, cartão de débito, cartão salário e congêneres.

Compensação de cheques e títulos quaisquer. Serviços relacionados a depósito, inclusive depósito identificado, a saque de contas quaisquer, por qualquer meio ou processo, inclusive em terminais eletrônicos e de atendimento.

Emissão, reemissão, liquidação, alteração, cancelamento e baixa de ordens de pagamento, ordens de crédito e similares, por qualquer meio ou processo, serviços relacionados à transferência de valores, dados, fundos, pagamentos e similares, inclusive entre contas em geral.

Emissão, fornecimento, devolução, sustação, cancelamento e oposição de cheques quaisquer, avulso ou por talão.

Serviços relacionados a crédito imobiliário, avaliação e vistoria de imóvel ou obra, análise técnica e jurídica, emissão, reemissão, alteração, transferência e renegociação de contrato, emissão e reemissão do termo de quitação e demais serviços relacionados a crédito imobiliário.

## 2.10. Serviços de apoio

Serviços de apoio técnico, administrativo, jurídico, contábil, comercial e congêneres. Assessoria ou consultoria de qualquer natureza, não contida em outros itens desta lista; análise, exame, pesquisa, coleta, compilação e fornecimento de dados e informações de qualquer natureza, inclusive cadastro e similares.

Datilografia, digitação, estenografia, expediente, secretaria em geral, resposta audível, redação, edição, interpretação, revisão, tradução, apoio e infraestrutura administrativa e congêneres.

Planejamento, coordenação, programação ou organização técnica, financeira ou administrativa.

Recrutamento, agenciamento, seleção e colocação de mão de obra. Fornecimento de mão de obra, mesmo em caráter temporário, inclusive de empregados ou trabalhadores, avulsos ou temporários, contratados pelo prestador de serviço.

Propaganda e publicidade, inclusive promoção de vendas, planejamento de campanhas ou sistemas de publicidade, elaboração de desenhos, textos e demais materiais publicitários. Planejamento, organização e administração de feiras, exposições, congressos e congêneres.

Franquia (*franchising*).

Perícias, laudos, exames técnicos e análises técnicas.

Administração em geral, inclusive de bens e negócios de terceiros.

Leilão e congêneres.

Advocacia, arbitragem de qualquer espécie, inclusive jurídica. Auditoria.

Análise de Organização e Métodos.

Atuária e cálculos técnicos de qualquer natureza. Contabilidade, inclusive serviços técnicos e auxiliares. Consultoria e assessoria econômica ou financeira.

Estatística.

Cobrança em geral.

Assessoria, análise, avaliação, atendimento, consulta, cadastro, seleção, gerenciamento de informações, administração de contas a receber ou a pagar e em geral, relacionados a operações de faturização (*factoring*).

Apresentação de palestras, conferências, seminários e congêneres.

## 2.11. Seguros

Serviços de regulação de sinistros vinculados a contratos de seguros; inspeção e avaliação de riscos para cobertura de contratos de seguros. Prevenção e gerência de riscos seguráveis e congêneres.

## 2.12. Transportes

Serviços de transportes de natureza municipal. Serviços de exploração de rodovia mediante cobrança de preço ou pedágio dos usuários, envolvendo execução de serviços de conservação, manutenção, melhoramentos para adequação de capacidade e segurança de trânsito, operação, monitoração, assistência aos usuários e outros serviços definidos em contratos, atos de concessão ou de permissão ou em normas oficiais.

Serviços portuários, ferroportuários, aeroportuários, de terminais rodoviários, ferroviários e metroviários, utilização de porto, movimentação de passageiros, reboque de embarcações, rebocador escoteiro, atracação, desatracação, serviços de praticagem, capatazia, armazenagem de qualquer natureza, serviços acessórios, movimentação de mercadorias, serviço de apoio marítimo, de movimentação ao largo, serviços de armadores, estiva, conferência, logística e congêneres.

Serviços aeroportuários, utilização de aeroporto, movimentação de passageiros, armazenagem de qualquer natureza, capatazia, movimentação de aeronaves, serviços de apoio aeroportuários, serviços acessórios, movimentação de mercadorias, logística e congêneres. Serviços de terminais rodoviários, ferroviários, metroviários, movimentação de passageiros, mercadorias, inclusive suas operações, logística e congêneres.

Locação, sublocação, arrendamento, direito de passagem ou permissão de uso compartilhado ou não, de ferrovia, rodovia, postes, cabos, dutos e condutos de qualquer natureza.

## 2.13. Comunicação

Propaganda e publicidade, inclusive promoção de vendas, planejamento de campanhas ou sistemas de publicidade, elaboração de desenhos, textos e demais materiais publicitários. Serviços de reportagem, assessoria de imprensa, jornalismo e relações públicas.

Serviços de programação, comunicação visual, desenho industrial e congêneres. Serviços de chaveiros, confecção de carimbos, placas, sinalização visual, *banners*, adesivos e congêneres.

Planejamento, organização e administração de feiras, exposições, congressos e congêneres.

## 2.14. Engenharia

Serviços relativos a engenharia, arquitetura, geologia, urbanismo, construção civil, manutenção, limpeza, meio ambiente, saneamento, paisagismo e congêneres.

Execução, por administração, empreitada de obras de construção civil, hidráulica ou elétrica e de outras obras semelhantes, inclusive sondagem, perfuração de poços, escavação, drenagem e irrigação, terraplenagem, pavimentação, concretagem e a instalação e montagem de produtos, peças e equipamentos (exceto o fornecimento de mercadorias produzidas pelo prestador de serviços fora do local da prestação dos serviços, que fica sujeito ao ICMS).

Elaboração de planos diretores, estudos de viabilidade, estudos organizacionais e outros, relacionados com obras e serviços de engenharia. Elaboração de anteprojetos, projetos básicos e projetos executivos para trabalhos de engenharia.

Demolição. Reparação, conservação e reforma de edifícios, estradas, pontes, portos e congêneres (exceto o fornecimento de mercadorias produzidas pelo prestador dos serviços, fora do local da prestação dos serviços, que fica sujeito ao ICMS).

Colocação e instalação de carpetes, tapetes, assoalhos, cortinas, revestimentos de parede, vidros, divisórias, placas de gesso e congêneres, com material fornecido pelo tomador do serviço.

Recuperação, raspagem, polimento e lustração de pisos e congêneres. Calafetação.

Varrição, coleta, remoção, incineração, reciclagem, separação e destinação final de lixo, rejeitos e outros resíduos quaisquer. Limpeza, manutenção e conservação de vias e logradouros públicos, imóveis, chaminés, piscinas, parques, jardins e congêneres.

Controle e tratamento de efluentes de qualquer natureza e de agentes físicos, químicos e biológicos. Dedetização, desinfecção, desinsetização, imunização, desratização, pulverização e congêneres.

Florestamento, reflorestamento, semeadura, adubação e congêneres. Decoração e jardinagem, inclusive corte e poda de árvores. Escoramento, contenção de encostas e serviços congêneres.

Acompanhamento e fiscalização da execução de obras de engenharia, arquitetura e urbanismo, aerofotogrametria (inclusive interpretação), cartografia, mapeamento, levantamentos topográficos, batimétricos, geográficos, geodésicos, geológicos, geofísicos e congêneres.

Pesquisa, perfuração, cimentação, mergulho, perfilagem, concretação, testemunhagem, pescaria, estimulação e outros serviços relacionados com a exploração e explotação de petróleo, gás natural e de outros minerais. Nucleação e bombardeamento de nuvens e congêneres.

Cessão de andaimes, palcos, coberturas e outras estruturas de uso temporário.

## 2.15. Cultura

Serviços de educação, ensino, orientação pedagógica e educacional, instrução, treinamento e avaliação pessoal de qualquer grau ou natureza. Ensino regular pré-escolar, fundamental, médio e superior. Avaliação de conhecimentos de qualquer natureza.

Serviços de museologia. Instrução, treinamento, orientação pedagógica e educacional, avaliação de conhecimentos de qualquer natureza.

Serviços de pesquisa e desenvolvimento de qualquer natureza.

## 2.16. Intermediação

Serviços de intermediação e congêneres. Agenciamento, corretagem ou intermediação de câmbio, de seguros, de cartões de crédito, de planos de saúde e de planos de previdência privada, de títulos em geral, valores mobiliários e contratos quaisquer, de contratos de arrendamento mercantil (*leasing*), de franquia (*franchising*) e de faturização (*factoring*), de direitos de propriedade industrial, artística ou literária.

Agenciamento, corretagem ou intermediação de bens móveis ou imóveis não abrangidos em outros itens, inclusive aqueles realizados no âmbito de Bolsas de Mercadorias e Futuros, por quaisquer meios.

Agenciamento marítimo, de notícias, de publicidade e propaganda, inclusive o agenciamento de veiculação por quaisquer meios.

Representação de qualquer natureza, inclusive comercial. Distribuição de bens de terceiros.

## 2.17. Guarda de bens

Serviços de guarda, estacionamento, armazenamento, vigilância e congêneres. Guarda e estacionamento de veículos terrestres automotores, de aeronaves e de embarcações. Vigilância, segurança ou monitoramento de bens e pessoas. Escolta, inclusive de veículos e cargas.

Armazenamento, depósito, carga, descarga, arrumação e guarda de bens de qualquer espécie.

## 2.18. Limpeza e manutenção

Serviços relativos a bens de terceiros. Lubrificação, limpeza, lustração, revisão, carga e recarga, conserto, restauração, blindagem, manutenção e conservação de máquinas, veículos, aparelhos, equipamentos, motores, elevadores ou de qualquer objeto (exceto peças e partes empregadas, que ficam sujeitas ao ICMS).

Assistências técnicas. Recondicionamento de motores (exceto peças e partes empregadas, que ficam sujeitas ao ICMS). Recauchutagem ou regeneração de pneus. Restauração, recondicionamento, acondicionamento, pintura, beneficiamento, lavagem, secagem, tingimento, galvanoplastia, anodização, corte, recorte, polimento, plastificação e congêneres de objetos quaisquer.

Instalação e montagem de aparelhos, máquinas e equipamentos, inclusive montagem industrial, prestados ao usuário final, exclusivamente com material por ele fornecido. Colocação de molduras e congêneres.

Encadernação, gravação e douração de livros, revistas e congêneres. Alfaiataria e costura, quando o material for fornecido pelo usuário final, exceto aviamento. Tinturaria e lavanderia. Tapeçaria e reforma de estofamentos em geral. Funilaria e lanternagem. Carpintaria e serralheria.

## 2.19. Correio

Serviços de coleta, remessa ou entrega de correspondências, documentos, objetos, bens ou valores, inclusive pelos correios e suas agências franqueadas, *courrier* e congêneres.

## 2.20. Serviços funerários

Funerais, inclusive com fornecimento de caixão, urna ou esquifes. Aluguel de capela. Transporte de corpo cadavérico. Fornecimento de flores, coroas e outros paramentos. Desembaraço de certidão de óbito. Fornecimento de véu, vela e outros adornos. Embalsamamento, conservação ou restauração de cadáveres. Cremação de corpos e partes de corpos cadavéricos. Planos ou convênios funerários. Manutenção e conservação de jazigos e cemitérios.

## 2.21. Serviços residuais

Serviços de assistência social. Serviços de avaliação de bens e serviços de qualquer natureza. Serviços de biblioteconomia. Serviços de biologia, biotecnologia e química. Serviços técnicos em edificações, eletrônica, eletrotécnica, mecânica, telecomunicações e congêneres. Serviços de desenhos técnicos.

Serviço de desembaraço aduaneiro, comissários, despachantes e congêneres. Serviços de meteorologia.

Serviços de registros públicos, cartorários e notariais.

## 2.22. Propriedade industrial

Serviços prestados mediante locação, cessão de direito de uso e congêneres. Cessão de direito de uso de marcas e de sinais de propaganda.

## 2.23. Ampliação da área

As razões que provocaram a reformulação do Decreto 406/68 pela Lei Complementar 116/2003 foram exatamente o enorme desenvolvimento da área de serviços, com a ampliação da gama de serviços prestados às empresas e à coletividade. Os serviços tradicionais ampliam-se e novos serviços vão sendo criados.

Vamos citar alguns exemplos: os serviços de informática, inexpressivos há vinte anos, hoje são primordiais e não foi sem razão que o adendo à Lei Complementar 116/2003 os cita em primeiro lugar. Essa área é apontada pelos economistas como a de maior futuro aos profissionais que entram no mercado. Já se impôs o provérbio de que hoje analfabeto não é quem não sabe ler, mas quem não maneja computador. As empresas prestadoras desses serviços multiplicam-se e prosperam, enquanto os profissionais dessa área são os mais requisitados.

    Outra área vibrante é a do turismo, como, por exemplo, a da hotelaria. O inexpressivo e abandonado Estado do Rio Grande do Norte é hoje próspero e pujante graças aos numerosos hotéis que lá se instalaram, inclusive os pertencentes às cadeias estrangeiras. A população de Natal mais do que dobrou nos últimos dez anos, sendo hoje autêntica metrópole. Idêntico fenômeno ocorre com o Ceará, cujo progresso atinge todo o Estado, tendo sido o turismo a mola propulsora desse progresso. Os serviços de turismo movimentam, além da hotelaria, outros serviços paralelos, como os transportes, aluguel de veículos, restaurantes, cuidados pessoais, espetáculos artísticos, feiras e exposições e atividades de recreação.

# 3. O TRABALHO INTELECTUAL

**3.1.** Interpretação legal
**3.2.** Atividade como Sociedade Simples
**3.3.** Análise de exemplos práticos
**3.4.** A atividade intelectual pela Sociedade Empresária

## 3.1. Interpretação legal

Consideramos nosso Código Civil bastante claro, explícito e moderno. Todavia, ele enseja muitas dúvidas para discussões, por abrir um vasto leque de situações que precisam ser enquadradas nos seus dispositivos. Muitas exceções, muitos pontos obscuros ou cinzentos surgem em nossa vida prática, que só se conformam ao Código Civil graças à cuidadosa análise. Uma dessas situações refere-se ao trabalho intelectual, que vamos agora analisar, partindo da interpretação do artigo 966:

> *Considera-se empresário quem exerce profissionalmente atividade econômica organizada para a produção de bens e de serviços.*
> *Parágrafo único: Não se considera empresário quem exerce profissão intelectual, de natureza científica, literária ou artística, ainda com o concurso de auxiliares ou colaboradores, salvo se o exercício da profissão constituir elemento de empresa.*

Muito teremos que falar sobre esse artigo, mas, a essa altura, interessa-nos mais o Parágrafo Único, como, por exemplo, a expressão *elemento de empresa*, como também *ainda com o concurso de auxiliares ou colaboradores*.

Consideramos como profissão intelectual de natureza científica, literária ou artística bem expressiva das atividades referidas no capítulo III deste compêndio e vamos citar algumas:

- CUIDADOS PESSOAIS: barbeiro, cabeleireiro, manicura, depilador, massagista.
- LAZER: artista cênico, teatral, músico, cantor, dançarino, trio elétrico, cineasta, fotógrafo.
- SERVIÇO DE APOIO: digitador, datilógrafo, selecionador de pessoal, desenhista.
- SERVIÇOS DE SAÚDE: médico, enfermeiro, dentista, veterinário, zoólogo.
- ENGENHARIA: engenheiro, arquiteto, projetista, decorador, jardineiro.
- CULTURA: professor, escritor.

Nota-se no artigo 966 a presença de uma regra no "*caput*", de uma exceção no parágrafo único, e outra exceção nesse próprio parágrafo:

A regra está no "*caput*":

*Considera-se empresário quem exerce profissionalmente atividade econômica organizada para a produção ou a circulação de bens e de serviços.*

A exceção está no parágrafo único:

*Não se considera empresário quem exerce profissão intelectual, de natureza científica, literária ou artística, ainda com o concurso de auxiliares ou colaboradores.*

A exceção da exceção está no próprio parágrafo único:

*salvo se o exercício da profissão constituir elemento de empresa.*

O trabalho intelectual parece ser mais pessoal, individual: é o trabalho do advogado liberal que presta serviços diretos ao seu cliente; do médico e do dentista que atendem ao seu paciente. Às vezes, porém, esse serviço é prestado coletivamente por exercentes de trabalho intelectual, servindo-se também de auxiliares e colaboradores, continuando a ser trabalho intelectual.

Todas essas profissões poderão, entretanto, ser exercidas em caráter empresarial. Resta, contudo, saber quando e em quais circunstâncias. E se for empresa, será obrigatoriamente sociedade simples ou poderá ser sociedade empresária? O segredo está na interpretação da lei e sua hermenêutica, isto é, o que a lei estará querendo dizer. Teremos que fazer interpretação gramatical, analisando cada palavra que tenha entrado no léxico jurídico. Assim, por exemplo, a palavra "organizada" deve ter na lei significado especial, embora possa ser interpretada de múltiplas formas.

## 3.2. Atividade como Sociedade Simples

Segundo a lei, a atividade organizada poderá ser empresarial se o trabalho do empresário for *elemento de empresa* e ele tenha *concurso de auxiliares ou colaboradores*.

Portanto, para ser empresarial, a atividade intelectual deverá ser exercida não individualmente, mas deverá contar com quadro de colaboradores, normalmente funcionários da empresa. E a empresa não conta apenas com funcionários para a produção de serviços, mas outros recursos, como os recursos materiais, financeiros, administrativos, e, acima de tudo, tecnologia apropriada para a produção. O mundo moderno realça muito a presença da tecnologia na produção, também chamada de aviamento e organização, além do antigo nome adotado pelo direito francês há um século: *fundo de comércio*. Consideramos então como sinônimos perfeitos os seguintes termos: tecnologia, organização, aviamento, fundo de comércio.

A tecnologia consiste no trabalho do empresário em combinar e coordenar os fatores de produção para atingir melhor produtividade. São fatores de produção os recursos humanos (concurso de auxiliares ou colaboradores, como diz o Código Civil), recursos materiais (como matéria-prima, energia elétrica), recursos psicológicos (como confiança e bom conceito), recursos financeiros (como dinheiro e crédito) e vários outros. Sem a articulação desses fatores não há empresa e, portanto, não será empresário quem trabalhar isolado, sem empregados e não coordenar recursos para atingir melhor produtividade.

Todavia, se o concurso de auxiliares ou colaboradores constituem fator essencial para caracterizar a empresa, não é suficiente para essa caracterização. É um dos fatores e precisa ser articulado com outros para que a atividade econômica exercida pelos prestadores seja realmente *organizada*.

Pelo artigo 966, o trabalhador intelectual não é o empresário, mas, logo em seguida, aponta uma exceção no parágrafo único: salvo se o exercício da profissão constituir elemento de empresa. Isto significa que o trabalho exercido pelo profissional for um dos fatores de produção, fator esse que será combinado com os outros, para constituir a atividade empresarial. O trabalho intelectual é apenas um dos componentes do produto oferecido ao mercado pela empresa, mas não o produto ou serviço em si mesmo. O trabalho intelectual exercido por sócios de uma empresa não é o produto ou serviço dela, mas uma parcela, um fator de produção, considerando-se produto da empresa e não de seus sócios.

### 3.3. Análise de exemplos práticos

Para compreender melhor o que estamos dizendo, vamos examinar alguns exemplos e situações sugestivas. Três médicos, ou seja, três trabalhadores intelectuais, montaram uma clínica e prestavam seus serviços a essa clínica, atendendo a clientes. Predominava nessa clínica o trabalho intelectual; o que é oferecido aos clientes é o trabalho deles. Predomina nessa clínica o trabalho intelectual, de natureza científica, praticado por eles. O trabalho deles é o produto que a clínica oferecia ao mercado, à clientela. Eles admitiram uma recepcionista para o primeiro atendimento à clientela, uma faxineira que providenciava a limpeza. A existência dessas funcionárias não chega a descaracterizar o trabalho intelectual e constituir empresa.

Todavia, essa clínica vai conquistando clientela, que vai se avolumando. São admitidas várias recepcionistas e faxineiras, para serviços de manutenção da clínica. São admitidos vários médicos recém-formados, que dão atendimento prévio a cada cliente, tomam a pressão deles, fazem registro desses dados, fazem alguns exames superficiais e o encaminham a um dos três médicos. Admite ainda uma enfermeira que faz curativos e aplica injeções. Até então, esses médicos não são empresários, embora contem com o concurso de auxiliares e colaboradores. O produto que a clínica oferece à clientela é o trabalho dos três médicos: eles preponderam na atividade da clínica.

Avolumam-se os serviços da clínica. São admitidos vários médicos, enfermeiros e muitos outros auxiliares e colaboradores. Alguns clientes são internados e recebem acompanhamento por aparelhos eletrônicos, são prestados serviços de primeiros socorros. Alguns clientes recebem também alimentação da clínica de tal forma que se nota serviço próprio de hotelaria. É possível que o cliente seja operado por um dos três médicos. O cliente recebe um complexo de serviços, como internação, curativos, remédios, a operação, alimentação. A clínica transformou-se num mini-hospital.

A operação pelo médico é um elemento de empresa; ela se integra com outros elementos de empresa, como remédios, serviços de enfermagem, de hotelaria, de assistência social. Os três médicos, criadores da clínica, coordenam essas atividades, compram equipamentos, contratam outros médicos, cuidam do pagamento das despesas. Articulam todos os elementos de empresa, vale dizer os fatores de produção, entre os quais se inclui o trabalho dos três. Agem mais como empresários do que como médicos. A clínica, a essa altura, já é um hospital, que não vive só do trabalho deles. Esse hospital é, destarte, uma empresa, e os três médicos que a dirigem se tornam empresários. O que avulta nesse hospital é o serviço médico que presta como um bloco de serviços, e não a pessoa ou o trabalho dos três médicos.

## 3.4. A atividade intelectual pela Sociedade Empresária

Esse hospital seria uma Sociedade Simples ou uma Sociedade Empresária? Esta já é outra questão que discutiremos muito. Se os médicos revestirem essa empresa com a forma de sociedade anônima, será uma sociedade empresária por força e determinação da lei, pois toda sociedade anônima será sempre empresária, qualquer que seja a natureza jurídica de seu objeto social. Seria também o caso de uma cooperativa, que será sempre uma sociedade simples, pois assim determina a lei. Neste critério, a situação se torna bem simples, mas se formos analisar a questão pela forma com que opera a sociedade simples e o exercente de trabalho intelectual, ela vai apresentar zonas cinzentas e pontos obscuros. Até que ponto é empresa ou profissional intelectual é aspecto em que às vezes eles se misturam.

A empresa produz, o trabalhador intelectual cria. Pelo que diz o parágrafo único, o trabalho intelectual é o que apresenta natureza científica, literária ou artística. Ao nosso modo de ver, esses parâmetros são bem abrangentes, mas podem ser ainda mais, devendo ser incluídas, por exemplo, as artes industriais, a criação de marcas, de tecnologia e demais criações tuteladas pelo Direito de Propriedade Industrial.

Vamos citar um fato que ocorreu em São Paulo. Um mecânico e encanador criou uma válvula de descarga, para uso nas instalações sanitárias, ligando a caixa-d'água à instalação final. Patenteou essa peça e passou a montá-la na sua oficina dedicada às instalações sanitárias, com grande aceitação. Ele trabalhava com outro colega e com ele constituiu uma pequena empresa para a instalação dessa válvula nas construções. Pouco a pouco teve que admitir outros mecanismos para essas instalações, formando um quadro de mais de uma centena de auxiliares e colaboradores.

Enquanto esse mecânico e seu sócio montavam e instalavam sua válvula, a que deram o nome de Válvula Hidra, eles eram trabalhadores intelectuais; todavia, depois deixaram de montar essas válvulas, criando uma linha de montagem. Não era mais ele quem instalava suas válvulas, mas uma equipe de instaladores, tudo, porém, sob a supervisão do mecânico e de seu sócio. Havia uma empresa, formada por dois sócios, que fabricava as válvulas que instalava, fornecia os encanamentos e outros materiais e a mão de obra utilizada nessa instalação. Os dois mecânicos já não eram mais trabalhadores intelectuais, pois não mais criavam modelos, mas atuavam como empresários, coordenando vários fatores de produção. O trabalho deles era só mais um *elemento de empresa*, vale dizer, um componente da atividade empresarial.

De várias partes do Brasil e do mundo chegaram pedidos de válvulas, que se vulgarizavam com o nome de Hidra, forçando a oficina a aumentar a produção daquele produto. Cinco anos depois, a oficina já tinha se transformado numa metalúrgica com mais de mil empregados, trabalhando dia e noite e vendendo para todo o Brasil e para vários países. Não mais instalava as válvulas, mas só as vendia em lojas de materiais de construção e sua instalação ficava a cargo de encanadores autônomos. Deixou de ser Sociedade Simples e passou a ser Sociedade Empresária.

Hoje a válvula Hidra é fabricada no mundo inteiro, com muitas variantes e modelos, tendo a patente se vulgarizado e caído no domínio público. Poucos sabem que essa peça universal e predominante começou com dois humildes mecânicos do Brás, dois imigrantes italianos que haviam montado uma oficininha de encanamentos e transformou-se numa próspera indústria. Surgiu essa metalúrgica como trabalho intelectual, transformou-se em Sociedade Simples para terminar como Sociedade Empresária. Podemos notar que o trabalho intelectual é pessoal, individual, e o trabalho da Sociedade Simples é normalmente de pequeno porte e de prestação de serviços, enquanto o da Sociedade Empresária é de porte maior e de produção de circulação de mercadorias, chamadas no léxico do Código Civil de "bens".

Examinemos também o exemplo da atividade exercida pelo tapeceiro, que exerce um trabalho técnico, de natureza artística. Há anos surgiu o carpete, e, em consequência, o tapeceiro especializado na montagem de carpetes. Enquanto exercia seu mister dessa maneira o tapeceiro era um trabalhador intelectual, pois seu trabalho era o produto que oferecia à clientela. Não havia nesse trabalho o fator que a lei chama de *organização*. Tapeceiro era o centro da atividade; era o produto em si, o serviço em si mesmo. Geralmente, o cliente comprava o material a seu gosto, como o carpete ou o pano da cortina.

Com a sofisticação dessa atividade, o tapeceiro montou vasta oficina, e, com o aumento de movimento, ligou-se a um ou mais sócios, constituindo uma empresa, e formando um quadro de instaladores. Essa empresa tem a forma societária de Sociedade Simples, por ser prestadora de serviços. Ela fornece à clientela trabalhos de instalação de carpetes, cortinas e outros objetos de decoração de ambientes. A maior parte do trabalho do tapeceiro não é mais a decoração de ambientes, mas a supervisão desse trabalho, que é executado por funcionários da empresa. Seu trabalho artístico é um elemento de empresa, isto é, um trabalho que se integra com outros trabalhos, para constituir o produto final. É possível até que o trabalho do tapeceiro seja o principal componente desse conjunto, mas não é o produto em si; é apenas um componente dele. Vemos, por isso, uma sociedade simples bem característica.

Há, todavia, um novo passo na modernização dessa atividade. Essa sociedade simples fornece também os materiais que entram na composição do produto. O tapeceiro dá assessoria à sua clientela na escolha das cortinas, apresenta-lhe o mostruário dos tecidos e das ferragens, induzindo o cliente a optar pelo material a ser aplicado no serviço. A empresa instaladora fornece o material necessário à decoração, modificando parcialmente a estrutura do serviço prestado. Neste caso, somos de opinião de que será possível a essa empresa transformar-se em Sociedade Empresária.

Digamos que o carpete vendido seja de alto custo, como, por exemplo, se for feito com pelo de camelo. Estamos agora a braços com o fornecimento de materiais de valor acima do de serviço de instalação. Por vários meses essa empresa, sob a forma jurídica da Sociedade Simples, vende mercadorias e fatura mais com essa venda do que com os serviços de instalação, que passou a ser subsidiária e auxiliar. Em nosso parecer, essa empresa deve mudar seu registro, baixando-o no Cartório de Registro Civil de Pessoas Jurídicas e inscrevendo-o na Junta Comercial, por ter-se tornado Sociedade Empresária.

# 4. O EMPRESÁRIO RURAL

   **4.1.** A nova figura de empresário
   **4.2.** Opção de modelo societário
   **4.3.** A atividade rural
   **4.4.** Características do empresário rural
   **4.5.** O modelo italiano

## 4.1. A nova figura de empresário

Logo no início deste compêndio, fizemos breve relato sobre as três áreas da atividade econômica, dividindo-as em primária, secundária e terciária. A Sociedade Empresária é típica da área secundária, isto é, da indústria. A Sociedade Simples é a formada para a área terciária, compreendendo nela a prestação de serviços.

A área primária em que se situa a ação do ser humano sobre a natureza, extraindo diretamente dela os produtos que coloca em circulação, foi apontada pela própria lei como atividade civil não devendo, portanto, ser explorada por sociedade empresária. As poucas empresas que surgiram nesse tipo de atividade econômica eram assim sociedades civis, hoje substituídas pela Sociedade Simples. Falamos, porém, em poucas empresas, já que a agricultura, a principal das atividades primárias, é mais exercida por pessoas isoladas, que recebiam nomes variados, conforme o tipo de atividade exercida, tais como agricultor, fazendeiro, pecuarista, invernista, pescador, piscicultor, suinocultor, apicultor, sericultor.

Coube ao novo Código Civil o mérito de ver no produtor rural a figura do empresário, embora de forma por demais tímida, mas o fato é que os artigos 970, 971 e 984 dele se ocuparam e estabeleceram algumas regras e princípios sobre a atividade exercida por eles. Assim, quem se ocupa da atividade econômica rural poderá ser empresário, com o nome de empresário rural, e terá tratamento legal diferenciado e simplificado, segundo o artigo 970:

> *A lei assegurará tratamento diferenciado e simplificado ao empresário rural e ao pequeno empresário, quanto à inscrição e aos efeitos daí decorrentes.*

Este artigo criou a figura do empresário rural e assegurou a ele tratamento diferenciado e simplificado, embora pareça restringir-se apenas à inscrição; naturalmente à inscrição no órgão de registro. Surgem dúvidas, porém: a lei assegura esse tratamento ao empresário rural e ao pequeno empresário. O tratamento a este último já estava regulamentado pela Lei da Pequena e Média Empresa. Parece-nos que a lei está querendo dizer que o tratamento ao pequeno empresário se estende ao empresário rural, a menos que a intenção do legislador é a de elaborar lei nova, dando pormenores aos artigos 970, 971 e 984 do Código Civil, o que nos afigura como necessário. Não julgamos também muito adequada a expressão *diferenciado*, neologismo que tem o sentido de diferente, mas diferente no quê? Neste último aspecto, torna-se necessário esclarecer o que tem de especial o tratamento legal do empresário rural.

## 4.2. Opção de modelo societário

Vem depois o artigo 971:

> *O empresário, cuja atividade rural constitua sua principal profissão, pode, observadas as formalidades de que tratam o artigo 968 e seus parágrafos, requerer inscrição no Registro Público de Empresas Mercantis da respectiva sede, caso em que, depois de inscrito, ficará equiparado, para todos os efeitos, ao empresário sujeito a registro.*

Também neste artigo vemos dúvidas. Fala que o empresário rural *pode* requerer inscrição na Junta Comercial; não diz que deve, mas pode, e portanto será opção dele. E se ele não quiser inscrever-se na Junta Comercial, como ficará? Sem qualquer registro? E há mais uma dúvida: registrando-se, ele ficará *equiparado* ao empresário sujeito a registro. Equiparado não é igual, o que nos leva a interpretar literalmente que o empresário rural registrado não é empresário, mas apenas um equiparado a empresário, o que seria um contrassenso. Para nosso parecer, se ele se inscreveu na Junta Comercial ele é um empresário e não um equiparado.

Falamos até agora no empresário individual, mas, quanto à sociedade rural, o mesmo critério é adotado no artigo 984:

> *A sociedade que tenha por objeto o exercício de atividade própria de empresário rural e seja constituída, ou transformada, de acordo com um dos tipos de sociedade empresária, pode, com as formalidades do artigo 968, requerer inscrição no Registro Público de Empresas Mercantis da sua sede, caso em que, depois de inscrita, ficará equiparada, para todos os efeitos, à sociedade empresária.*
>
> *Parágrafo único. Embora já constituída a sociedade segundo um daqueles tipos, o pedido de inscrição se subordinará, no que for aplicável, às normas que regem a transformação.*

Para a sociedade rural, o registro na Junta Comercial é também uma opção: ela pode registrar-se, mas não está obrigada. Se ela tiver sido constituída na forma jurídica de sociedade empresária, ou seja, sociedade limitada, sociedade em nome coletivo, sociedade em comandita simples, ela poderá registrar-se na Junta Comercial. Se, entretanto, ela tiver sido constituída como sociedade simples, deverá ser registrada no Cartório de Registro Civil de Pessoas Jurídicas. Parece-nos contudo que se ela registrar-se na Junta Comercial, será forçosamente sociedade empresária, e não "equiparada", devendo destarte ser suprimida do artigo 984 essa expressão.

Por qual razão iria o empresário rural optar pelo registro na Junta Comercial, formando uma empresa mercantil? Não vemos conveniência nessa opção, mas muitas inconveniências se ressaltam.

Ele perde o tratamento "diferenciado e simplificado" de que fala o artigo 970. Ele poderá gozar dos benefícios oferecidos pela Lei de Recuperação de Empresas, podendo requerer a Recuperação Judicial, caso venha se encontrar em difícil situação financeira. Esse benefício, todavia, tem o reverso da medalha. Sendo empresa mercantil, ele poderá, por outro lado, ter sua falência requerida, caso não consiga pagar uma dívida. O tiro poderá sair pela culatra. Ao nosso modo de ver, essa opção traz malefícios mais sugestivos que os benefícios.

Será preferível, de forma geral, a empresa rural revestir-se da forma de sociedade simples. Caso o produtor rural preferir agir sozinho, sem constituir sociedade, deve aguardar alguma regulamentação que lhe permita o registro como *empresário individual simples* no Cartório de Registro Civil de Pessoas Jurídicas, pois o novo Código Civil parece abrir-lhe essa possibilidade. Há, ainda, o recurso da analogia: se a lei propicia o registro de empresário individual na Junta Comercial, por que não deve haver o registro do empresário individual também no Cartório de Registro de Pessoas Jurídicas?

Há outro aspecto a esclarecer. De fato, a sociedade rural é naturalmente sociedade simples pela natureza de suas atividades. Se houver registro na Junta Comercial, o artigo 971 concede essa opção ao empresário rural e o artigo 984 à sociedade rural, mas o Código Civil não prevê a inscrição individual no Cartório de Registro Civil de Pessoas Jurídicas. Não fala a lei em empresário rural simples, ou seja, o empresário rural registrado no Cartório de Registro Civil de Pessoas Jurídicas. Aliás, o nome do Cartório fala em pessoas jurídicas e não pessoas individuais; em consequência, nosso Cartório de Registro Civil de Pessoas Jurídicas não faz registro de empresário individual, não havendo por enquanto *empresário rural simples*.

## 4.3. A atividade rural

Atividade rural foi, durante muitos séculos, a principal atividade econômica da humanidade. O advento da Revolução

Industrial no século XIX provocou a reviravolta para a indústria, que passou a ser a preocupação dos governos, dos investidores, dos economistas e da própria população. A agricultura fez a prosperidade econômica do Brasil, mas a Revolução de 1930 dirigiu-se mais à indústria e logo após a guerra de 1939-1945 houve o recrudescimento industrial no Brasil, culminando com a implantação da indústria automobilística. A agricultura passou ao segundo plano.

Cedo ou tarde o Brasil irá compreender que o seu futuro econômico está na agricultura, por termos melhores condições físico-climáticas do que outros países. Surgirá fatalmente a empresa agrícola como força propulsora da economia e já se realça a economia agrícola com o nome de agronegócio, a princípio, *agrobusiness*. Passo importante foi a criação do termo empresário rural pelo Código Civil, para substituir as inexpressivas designações aplicadas ao produtor rural:

- Agricultor = Quem se dedica à atividade agrícola, com a produção de grãos, fibras, frutas. Vem esse termo de *agri* = campo.
- Pecuarista = Dedica-se à criação de animais para fornecimento de carne, como bovinos, porcinos, caprinos, ovinos, bufalinos, equídeos.
- Invernista = É quem compra gado para engorda. Recebe bezerros e gado magro para tratá-los e vendê-los para o abate.
- Piscicultor = Cria ou pesca peixes em escala econômica, para suprimento do mercado consumidor.
- Fazendeiro = É o proprietário de uma fazenda, um imóvel rural destinado à agricultura, à pecuária ou a outras atividades rurais.
- Avicultor = Dedica-se à criação de aves de corte ou poedeiras.
- Sericultor = É criador do bicho-da-seda, acarretando o cultivo de amoreiras.
- Suinocultor = Cria porcos para venda.
- Apicultor = É o criador de abelhas, para extrair o mel.

Pela Lei 9.430/96, considera-se atividade rural também o cultivo de árvores e florestas, destinadas ao corte e fornecidas como matéria-prima em certas indústrias, como as de papel ou carvão vegetal. São considerados produtores rurais todos esses a que acabamos de referir.

Há, porém, uma zona cinzenta, em que o produtor rural começa a se afastar dessa atividade. Está integrado nela o criador de galinhas que colhe os ovos e os vende; o apicultor que apanha o mel e o purifica antes de vender; o pescador que limpa os peixes, extraindo as espinhas e escamas, vendendo-os como filé; o suinocultor que cria o porco, mata-o, limpa-o, destrincha-o e o vende como carne; o agricultor que colhe seu milho, refina-o e o vende como fubá, o que descasca o arroz, colhe laranjas, espreme-as e as vende como suco em garrafas, corta uma árvore, torrando-a e a vendendo como carvão; o que planta e colhe o café, torra-o e o vende como café torrado e pronto para usá-lo.

Casos há, entretanto, em que começa a se afastar da atividade rural e entrar na industrialização de produtos. Tomemos por exemplo um vinhateiro que colhe uvas de suas parreiras, industrializando-as e transformando-as em vinho; engarrafa o vinho e o coloca no mercado. Há muitos elementos fora do trabalho diretamente rural: o vinho é produzido com equipamentos industriais e tecnologia especial; há a compra de garrafas, estudo do mercado, engarrafamento, transporte de mercadorias. Houve mudança na estrutura do produto: a uva transformou-se em vinho, um produto industrializado. Há um quadro de pessoal operando o trabalho da produção do vinho. É declaradamente uma atividade empresarial e esse vinhateiro necessita registrar-se na Junta Comercial, seja como empresário individual, seja constituindo uma sociedade com outros, registrando-se como sociedade empresária. Neste caso, não pode registrar-se como sociedade simples, pois produz e vende mercadoria.

## 4.4. Características do empresário rural

Não padece dúvida de que o produtor rural é um empresário e deve ser tratado como tal. É antiga aspiração dele e o novo Código Civil lhe fez justiça. Vamos analisá-lo à luz do artigo 966:

> *Considera-se empresário quem exerce profissionalmente atividade econômica organizada para a produção ou a circulação de bens e de serviços.*

O produtor rural exerce profissionalmente atividade econômica, pois é a sua profissão, seu meio de vida e deve aperfeiçoar-se no seu mister. Persegue lucros em sua profissão. Sua atividade econômica é organizada, por coordenar e articular vários fatores de produção, formando capital, liderando quadro de pessoal, utilizando tecnologia de trabalho, atua com planejamento financeiro, tem contabilidade organizada, tem objeto definido, que é a produção de mercadorias agrícolas. Exerce atividade econômica por produzir riquezas, mobilizar a circulação de bens e a satisfação das necessidades do mercado consumidor. Tem capacidade jurídica para ser empresário e não sofre impedimentos para esse trabalho.

## 4.5. O modelo italiano

É fato público e notório que a elaboração do Código Civil brasileiro tomou por base seu congênere italiano. Entretanto, nesta questão, o nosso deixou de seguir seu modelo, adotando só três artigos do código peninsular. Ao que tudo indica, agiu bem a douta comissão elaboradora de nosso código, fazendo-o apenas prever a figura do empresário rural e alguns princípios que norteiam essa atividade, mas deixando os pormenores a cargo de lei especial. Há, pois, necessidade de se elaborar lei que regulamente a sociedade rural e o empresário rural, consolidando algumas normas antigas e antiquadas, modernizando-as.

Procuraremos analisar algumas disposições do código peninsular que poderão esclarecer as nossas e servir de sugestões para a possível elaboração de lei própria. Esse código regulamenta a empresa rural, em capítulo específico, como o nome de *Dell'Impresa Agricola*, abrangendo 53 artigos, de números 2.135 a 2.187. O conceito de empresa rural é mais abrangente e explícito do que o nosso e pode ser invocado no direito brasileiro, uma vez que nos inspirou. Eis o que diz o artigo 2.135:

> *Empresário agricola:*
> *É empresário agrícola quem exerce atividade direta no cultivo do solo, à silvicultura, criação de animais e atos conexos.*
> *Reputam-se conexas as atividades diretas na transformação ou na alienação dos produtos agrícolas, quando entram no exercício normal da agricultura.*

A terminologia *empresário rural*, adotada pelo Brasil, é mais apropriada do que *empresário agrícola*, adotada pela Itália, porque o termo *agricultura* é usado em dois sentidos: *strictu sensu* é o cultivo do solo, mas *latu sensu* designa toda atividade campestre, como a pecuária, a sericultura e outras. Aliás, é o que explica o artigo 2.135 do Código Civil italiano.

Pelo artigo 2.136, as normas gerais referentes ao registro de empresas não se aplicam à empresa rural. Assim sendo, existe um registro especial para elas. Eis aqui uma questão que muito nos interessa. Tanto o Código Civil italiano como o brasileiro considera a empresa rural um tipo especial, peculiar de sociedade. Por isso, deveria ela ter um registro especial. A questão do registro e o nome empresarial é regulamentado no Brasil pela Instrução Normativa 53/96, do Departamento Nacional do Registro de Comércio; portanto, não precisaria de lei especial para cuidar desse assunto, mas uma instrução normativa. Questão a resolver, por exemplo, seria a do empresário rural simples, ou seja, não registrado na Junta Comercial, mas no Cartório de Registro Civil de Pessoas Jurídicas.

# 5. CONSTITUIÇÃO E REGISTRO DA SOCIEDADE SIMPLES

**5.1.** A constituição da Sociedade Simples
**5.2.** Atos constitutivos
**5.3.** Conceito de contrato social
**5.4.** Elementos essenciais
    **5.4.1.** Acordo de vontades
    **5.4.2.** Formação do capital
    **5.4.3.** *Affectio societatis*
    **5.4.4.** A obtenção de lucros
**5.5.** O registro dos atos constitutivos
**5.6.** O *status* de sócio

## 5.1. A constituição da Sociedade Simples

Uma sociedade se constitui, ou seja, se forma, de diversas maneiras. A constituição da Sociedade Simples é o conjunto de providências, de confabulações, de documentos, que visem a dar à sociedade sua vida e sua existência. Destinam-se todos esses fatores a garantir a sobrevivência da sociedade, compondo a fase de sua vida, que antecede ao início das operações, como condição essencial. Sem a sua constituição e registro, ela não pode praticar qualquer ato, e se o praticar, esse ato não lhe produzirá direitos. Por outro lado, se não lhe produzir direitos, produzirá obrigações, não só a própria sociedade, mas também os promotores de sua constituição.

Por exemplo, ela vende um produto, mas o comprador não paga; não poderá exercer a cobrança judicial de seu crédito, pois praticou um ato para o qual não tinha condições jurídicas. Se ela sacar duplicata contra seu devedor, será ato ilegal, sem efeitos jurídicos favoráveis, mas com várias responsabilidades, até mesmo criminais. Ao revés, se ela comprar alguma coisa e não pagar, seu fornecedor poderá sacar duplicata contra ela, protestá-la e executá-la, pedindo a penhora de seus bens, se os tiver, e de seus sócios pessoalmente.

Há três formas de constituição de sociedade: por contrato, por assembleia e por lei, razão por que elas são chamadas de contratuais, estatutárias e legais. A Sociedade Civil é sempre contratual. É de natureza contratual, vale dizer, constituída por um contrato de constituição de sociedade, que, por isso, é chamado de contrato social. É a forma mais usual de se constituir uma sociedade, malgrado não seja a única. Algumas sociedades se constituem por ato constitutivo chamado *contrato social*. Outras, porém, como as sociedades por ações, constituem-se de forma bem diferente, com vários atos constitutivos, como *assembleia geral de acionistas*. O documento básico de seu funcionamento é o estatuto. As sociedades públicas são constituídas por uma lei. De acordo com esses atos constitutivos, dividem-se as sociedades em contratuais, estatutárias e legais.

O contrato social é o acordo entre os sócios para constituir a sociedade, após as longas deliberações entre eles; deve haver concorrência unânime de opiniões, pois o contrato precisa ser assinado por todos os sócios. Se um sócio não estiver de acordo, não assinará o contrato.

O estatuto não é um acordo de vontades; ele é votado, mas não assinado. Se numa assembleia geral, um acionista vota contra o estatuto e ele é aprovado por maioria, seu voto contrário não o isenta de obediência ao estatuto. Há diferença ainda no conteúdo de cada: o contrato social estabelece normas práticas objetivas e pessoais; o estatuto estabelece normas gerais, abstratas e impessoais. São sociedades estatutárias (ou institucionais) as sociedades por ações, isto é, a Sociedade Anônima e a Sociedade em Comandita por Ações.

A terceira forma de criação da sociedade é a legal, isto, com a criação pela lei. É o caso da empresa pública e da sociedade de economia mista, sendo ambas estatais. Essas empresas, segundo o Decreto-Lei 900/69 que as regulamenta, são definidas como entidades dotadas de personalidade jurídica de direito privado, *criadas por lei*, para exploração econômica que o governo seja levado a exercer por força de contingência ou de conveniência administrativa.

## 5.2. Atos constitutivos

Atos constitutivos são os documentos que comprovam os acertos e os componentes de uma sociedade; a existência dessa sociedade e suas características e elementos. O ato constitutivo mais usual é o contrato social e seu registro no Registro de Empresas, comprovado pela Certidão de Registro. São os atos que constituem a sociedade, daí a designação de atos constitutivos.

Para que se forme a sociedade é necessário um acordo de vontades em que os sócios decidem constituir a sociedade, prevendo os direitos e obrigações que caberão a cada um. Esse acordo de vontades é formalizado no contrato social. É um ato coletivo, bilateral ou plurilateral, por nele se integrarem todos os sócios. Difere contudo dos contratos comuns, que se exaurem numa operação ou conjunto de operações, enquanto o contrato social é estabelecido geralmente sem vencimento, com ânimo de duração ilimitada. Utilizada em casos excepcionais e muito raros, a lei permite a sociedade com prazo previsto.

## 5.3. Conceito de contrato social

A sociedade é analisada sob diversos critérios, alguns dos quais são expostos neste compêndio. Podemos dizer também que a sociedade é a conjugação de esforços de várias pessoas para desenvolver um empreendimento lucrativo. Estamos aqui examinando a sociedade pelos seus documentos, por um critério especial: o da sociedade como um conjunto de documentos.

A sociedade é constituída por um negócio jurídico celebrado entre duas ou mais pessoas, estabelecendo um acordo mútuo para operar em conjunto. A expressão *negócio jurídico,* aqui aplicada, é no sentido de ato jurídico, adotado pelo antigo código. Esse negócio jurídico é chamado de *contrato de sociedade* ou *contrato social*. Graças a ele se constitui a sociedade, razão por que é chamado de ato constitutivo.

Este documento tem um conceito adotado universalmente, de forma mais ou menos uniforme, partindo do que foi expresso no artigo 2.247 do Código Civil italiano, modelo que inspirou o novo Código Civil brasileiro:

> Con il contratto di società due o più persone conferiscono beni o servizi per l'esercicio di una atività economica allo scopo di dividirne gli utili.
> *Com o contrato de sociedade, duas ou mais pessoas conferem bens ou serviços para o exercício de uma atividade econômica com o fim de dividir os rendimentos dela.*

## 5.4. Elementos essenciais

Vimos no item anterior quais os elementos essenciais do contrato, mas o assunto é por demais delicado e importante em termos de Direito Societário, pois a sociedade gira na órbita do contrato que a constitui. Nota-se que o contrato social implica que as pessoas que a constituem integrem nela bens, geralmente dinheiro, e tenham como objetivo dividir entre elas os rendimentos proporcionados pela sociedade. Partindo do conceito já firmado, poderemos nos aprofundar na questão, examinando os elementos e característicos próprios deles, agrupados em cinco características adiante expostas:

### 5.4.1. *Acordo de vontades*

Para que haja sociedade, há necessidade de uma pluralidade de pessoas, vale dizer, duas ou mais pessoas. Se o contrato é o acordo de vontades, deve ser a vontade de no mínimo duas pessoas, pois uma só não forma sociedade (*non datur societas de individuo*). Se há uma sociedade, deve haver sócios, as pessoas que a compõem, os manifestadores da vontade. Há realmente algumas exceções, mas discutíveis: a sociedade unipessoal, como uma empresa pública, com o capital totalmente em nome do governo, a subsidiária integral, prevista no art. 251 da Lei das S.A., a sociedade de marido e mulher. Conveniente será dizer que os sócios que compõem uma sociedade podem ser pessoas naturais e jurídicas.

### 5.4.2. *Formação do capital*

Para que uma sociedade se constitua, obrigatório se torna o aporte financeiro dos sócios, para formar o capital com alguma quota, ou que consista em dinheiro ou em bens de alguma espécie, ou em serviços prestados. Em princípio, os sócios devem conferir dinheiro para a formação do capital, o que acontece regularmente. Há, porém, a possibilidade de contribuir com bens ou serviços prestados, que possam ser transformados em dinheiro a ser incorporado ao capital. É o caso, por exemplo, de um sócio que cede à sociedade o imóvel em que ela instalará seu estabelecimento. Essa prática está em desuso atualmente, por ensejar fraudes e conchavos. É admitida pela Lei das S.A., que entretanto impõe sérias condições para ser utilizada.

### 5.4.3. *Affectio societatis*

Sendo a sociedade um esforço coletivo conjugado, necessita não apenas da contribuição material para constituir um ativo, mas do espírito de colaboração mútua dos sócios. Baseado na confiança recíproca, esse estado psicológico garante um trabalho em equipe dos sócios, essencial para o funcionamento e sobrevivência da sociedade. Trata-se de um patrimônio intelectual da sociedade, sem condições de ser contabilizado.

É a vontade declarada no contrato, mas que deve, na mente dos sócios, ser firme, sincera e leal. São as boas intenções de reunir esforços e trabalhar em conjunto, mantendo um objetivo comum previamente estabelecido. Por essa razão, não é possível a entrada de um novo sócio sem que todos os demais estejam de acordo, pois a confiança mútua é o fundamento da *affectio societatis*.

A *affectio societatis* deve prevalecer mesmo numa sociedade de capitais. Um cidadão pode tornar-se acionista de uma companhia, adquirindo ações no pregão da Bolsa de Valores Mobiliários, sem saber quem são os demais acionistas, nem os diretores dessa S.A. Os outros acionistas, por sua vez, desconhecem o novo adquirente das ações. Todavia, nas deliberações, se cada acionista não revelar a intenção de participar do esforço conjunto, a sociedade estará fadada ao fracionamento.

### 5.4.4. *A obtenção de lucros*

A perseguição ao lucro e sua distribuição aos sócios, proporcionalmente ao capital, é o objetivo da sociedade qualquer que seja seu objeto e qualquer que seja seu modelo societário. Se o contrato de uma sociedade disser que ela não perseguirá lucros, não poderá ser registrado no órgão competente. A esse respeito, é de bom alvitre distinguir o *objeto* e o *objetivo*. O objeto é o tipo de atividade empresarial, o ramo de negócio, também chamado de *segmento de mercado* (indústria, comércio, serviços, mineração, agricultura e outros). E não basta dizer de forma geral, mas especificada; assim, se for prestação de serviços, indicar se forem serviços médicos, de manutenção, de segurança, de limpeza, de propaganda; se for indústria, deverá apontar se é indústria alimentícia, metalúrgica, automobilística, química ou outras.

O objetivo da sociedade é o lucro, para distribuição entre os sócios. Por isso, será nula a sociedade em que se estipular no contrato que a totalidade dos lucros pertença a um dos sócios; igualmente será nulo o contrato social que excluir um sócio da participação nos lucros. Nossa jurisprudência já tomou decisões de que, se uma sociedade obteve lucros, ficou obrigada a distribuí-los, a menos que o sócio abra mão desses lucros, reinvestindo-os no capital da sociedade.

Consequência do direito de participação dos sócios nos lucros obtidos pela sociedade será também o risco e a responsabilidade nos prejuízos que ela apresentar. Nulo será o contrato que desonerar um ou mais sócios da participação nas perdas ocasionadas pelas atividades sociais. A empresa assume os riscos da atividade econômica, conforme considera o artigo 2º da CLT:

> *Empregador é a empresa individual ou coletiva que, assumindo os riscos da atividade econômica, admite, assalaria e dirige a prestação pessoal de serviços.*

É conveniente ressaltar que o contato social da sociedade simples, como de qualquer outra sociedade, deverá ter a assinatura de um advogado.

## 5.5. O registro dos atos constitutivos

Não basta formalizar o contrato; a Sociedade Simples só terá existência legal quando for registrado no seu órgão especial, o Cartório de Registro Civil de Pessoas Jurídicas. Esse registro está regulamentado por várias normas jurídicas, principalmente pela Lei dos Registros Públicos (Lei 6.015/73). O contrato social é o primeiro e principal ato constitutivo de uma sociedade, mas não o único. Para a Sociedade Simples, porém, é o único. Não há sociedade simples estatutária ou legal; ela só pode ser contratual. Qualquer modificação que se opera na estrutura da sociedade implicará a alteração do contrato, constituindo outro ato constitutivo a ser registrado no órgão público competente.

O contrato social deverá apresentar certas características essenciais, de acordo com o modelo societário adotado. A formação do contrato social é mais ou menos uniforme e tem como modelo o da Sociedade Simples, aplicando-se esse modelo aos demais tipos de sociedade, e expresso no artigo 997 do Código Civil. Pode ser elaborado por instrumento público ou particular, mas, normalmente, é feito por instrumento particular, pois o instrumento público é elaborado por cartório oficial; é custoso e trabalhoso. As cláusulas essenciais são aquelas que não podem faltar no contrato; são obrigatórias; a maioria são cláusulas livremente estipuladas pelas partes contratantes, tais como:

- O montante do capital, sua divisão em quotas e a quem pertencem essas quotas, se é realizado em dinheiro ou bens.
- O nome empresarial (denominação) da sociedade e seu domicílio, que é a sua sede.
- O objetivo social, vale dizer, o ramo de atividade bem claro e explícito.
- Nome e qualificação dos representantes legais da sociedade.

- O objetivo social, que é a obtenção de lucro e o esquema de distribuição desses lucros entre os sócios, ou seja, a participação de cada sócio nos lucros e nas perdas.
- O prazo de duração, se houver, ou então se for por tempo indeterminado.
- Nome, nacionalidade, profissão e residência dos sócios, se pessoas físicas; é possível, porém, que pessoas jurídicas sejam sócias e nesse caso devem constar a denominação ou firma, nacionalidade e sede. Deve constar a qualificação dos sócios da empresa-sócia.

Há dois tipos de cláusulas no contrato social. Há algumas obrigatórias por lei e algumas não obrigatórias, mas de livre estipulação entre as partes, como, por exemplo, quem serão os sócios-gerentes, ou seja, os que vão administrar a empresa. Malgrado sejam essas cláusulas de livre estipulação entre as partes, serão elas obrigatórias por lei e todos deverão constar do contato social. Apresentamos a razão delas:

1. Ao exigir apenas a denominação, o código veda a adoção de firma pela Sociedade Simples.
2. O capital da Sociedade Simples é formado por parcelas de valor igual ou desigual, chamadas de quotas (a grafia pode ser também cotas). O contrato social deve indicar quantas cotas formam o capital da sociedade e o valor de cada uma. Indicará também o modo de realização: geralmente, o capital é realizado a vista, mas é possível em prestações futuras ou com a entrega de bens ou prestação de serviços.
3. É possível que um sócio não tenha dinheiro para integralizar sua quota no capital e deva ele então prestar serviços à sociedade. Nesse caso, deve ser esclarecido como será a prestação de serviços e o valor deles.
4. O objeto social, isto é, o ramo de atividade deve ser bem claro e explícito, ou seja, não pode dizer apenas "comércio", "prestação de serviços", mas que tipo de serviços.

Devem ser mencionados os nomes dos sócios-gerentes, isto é, dos dirigentes da sociedade, os que vão administrá-la. É possível que todos os sócios sejam sócios-gerentes, também chamados administradores; assim sendo, bastará dizer que todos os sócios estão incumbidos da administração da sociedade. Esta sociedade poderá ter dois tipos de sócios; o sócio-quotista e o sócio-gerente. O sócio-quotista é o prestador de capital, possuindo sua quota, mas não toma parte na administração da empresa.

O sócio-gerente é também quotista, mas fica à testa da empresa; é o representante legal dela e a faz funcionar. Recebe uma remuneração chamada de pró-labore, pelo serviço que presta à sociedade. É chamado de empresário, sentido que é dado a quem dirige uma empresa.

Nos quinze dias subsequentes à sua constituição, deve a sociedade requerer a inscrição do contrato social no Cartório de Registro Civil de Pessoas Jurídicas do local de sua sede. Como ocorre com a Sociedade Empresária, que deverá registrar-se na Junta Comercial, para adquirir personalidade jurídica, da mesma forma deverá a Sociedade Simples registrar-se no órgão competente de registro para a aquisição de sua personalidade jurídica. Esse órgão, porém, é o Cartório de Registro Civil de Pessoas Jurídicas. O registro dessa sociedade deve ser promovido pelo sócio fundador, no prazo de quinze dias. Ultrapassando esse prazo, a sociedade é irregular e deverá sofrer consequências dessa irregularidade.

O pedido de registro será feito por requerimento juntando o original do contrato ou cópia autenticada. O Cartório de Registro Civil de Pessoas Jurídicas entrega ao interessado relação dos documentos necessários e devidas instruções. O contrato será devolvido com o carimbo do cartório, ficando neste uma cópia. Feito o registro, a sociedade adquire sua personalidade jurídica. Se algum sócio houver sido representado no contrato por procurador, deve ser juntada respectiva procuração, bem como, se for o caso, a prova da autorização da autoridade competente. Com todas as indicações retroenumeradas, será a inscrição tomada por termo no livro próprio, e obedecerá ao número de ordem contínuo para todas as sociedade inscritas.

As modificações do contrato social que tenham por objeto as cláusulas contratuais obrigatórias por lei dependem do consentimento de todos os sócios; as outras podem ser decididas por maioria de votos, se o contrato social não determinar a necessidade de deliberação unânime. As modificações serão averbadas no registro da sociedade simples, no Cartório. Os atos constitutivos não se resumem no contrato social, mas também nas modificações deles, que impliquem a estrutura da sociedade, que são enumeradas no artigo 997. Quaisquer dessas modificações só produzem efeito perante terceiros após a averbação no registro. Essas alterações contratuais exigem concordância de todos os sócios. Por exemplo: saída de um sócio, entrada de outro, aumento do capital social, mudança de domicílio, ou da denominação ou do objeto social.

A Sociedade Simples que instituir sucursal, filial ou agência em lugar sujeito à jurisdição de outro Cartório de Registro Civil de Pessoas Jurídicas deverá inscrevê-la nele, com a prova da inscrição originária. Em qualquer caso, a constituição de filial ou agência deverá ser averbada no Cartório da respectiva sede. O critério para a Sociedade Simples é o mesmo adotado para a sociedade empresária. O Cartório de Registro Civil tem jurisdição apenas num Estado, como também a Junta Comercial. Destarte, a Sociedade Simples registrada na Junta Comercial do Estado de São Paulo, se for abrir filial em Pernambuco, precisará registrar essa filial na Junta Comercial do Estado de Pernambuco, que deverá também ser averbada no Cartório de São Paulo.

É conveniente ressaltar que o contrato social da Sociedade Simples, como de qualquer outro tipo de sociedade, deverá ter a assinatura de um advogado. Trata-se de antiga luta dos advogados para valorizar sua profissão e considerar a elaboração do contrato social como tarefa própria de advogado.

## 5.6. O *status* de sócio

No exame da sociedade, temos que analisar a posição das pessoas que a compõem: os sócios. A aquisição do *status* de sócio se dá na constituição da sociedade quando duas ou mais pessoas decidem constituí-la e assinam o contrato social, registrando-o no órgão competente. É possível tornar-se sócio não originário, vale dizer, na constituição. Após ter sido constituída, a sociedade pode admitir novos sócios, pois há o número mínimo de dois, mas não o máximo. É possível ainda a cessão de quota de um sócio para um terceiro, saindo um e entrando outro; nesse caso deverá haver sempre a concordância dos demais sócios.

O sócio é uma pessoa geralmente física, mas a lei não veda a inclusão de pessoa jurídica como sócio. É possível que a sociedade tenha como sócios exclusivamente pessoas jurídicas. Administrador (sócio-gerente) será uma pessoa física, mas agindo em nome da pessoa jurídica. Tanto a pessoa jurídica como a pessoa física têm personalidade jurídica própria, e, como consequência, um patrimônio próprio; nem o patrimônio nem a personalidade jurídica do sócio se confundem com a da sociedade, pois são pessoas distintas.

Sendo pessoas, os sócios deverão ter capacidade jurídica para o exercício dessa função. Reza nosso código que a validade do negócio jurídico requer pessoa capaz, objeto lícito e forma prescrita ou não vedada em lei. Assim, não pode entrar como sócio no contrato social um menor de idade, um interdito, um falido. Após o advento do Estatuto da Mulher Casada, em 1962, a mulher casada é plenamente capaz, dispensando outorga marital. O novo Código civil regulamenta a capacidade jurídica empresarial nos artigos 972 a 980. No presente momento, entretanto, estamos examinando a capacidade jurídica para ser sócio e não empresário.

# 6. DAS OBRIGAÇÕES E DIREITOS DOS SÓCIOS

**6.1.** A criação dos direitos e obrigações
**6.2.** Obrigações do sócio
    **6.2.1.** Contribuição social
    **6.2.2.** Transferência de quota
**6.3.** Direitos dos sócios
    **6.3.1.** Participação nos lucros
    **6.3.2.** Direito de recesso
    **6.3.3.** Participação na gerência da sociedade
    **6.3.4.** Participação nas deliberações
    **6.3.5.** Fiscalização da gerência
    **6.3.6.** Exigências aos demais sócios

## 6.1. A criação dos direitos e obrigações

O contrato é o acordo entre duas ou mais partes, criando para elas obrigações e direitos recíprocos, ou seja, cada celebrante do contato assume obrigações perante os demais e, ao mesmo tempo, adquire direitos ante eles. O contrato de sociedade não é diferente dos demais contratos; o sócio ao assiná-lo assume obrigações para com os demais contratantes, e que lhe acarretarão responsabilidades. Por seu turno adquire direitos que corresponderão a obrigações por parte dos demais sócios.

As obrigações dos sócios começam imediatamente com o contrato, se ele não fixar outra data, e terminam quando, liquidada a sociedade, extinguirem-se as responsabilidades sociais. Ao ser assinado, o contrato produz efeito imediato para quem o assina, a menos que fique estabelecido o dia em que ele possa vigorar. Digamos outra vez que *o contrato faz lei entre as partes*, e, por enquanto, produz efeitos entre os celebrantes, isto é, os sócios. O término das obrigações, contudo, não é tão fácil de ser estabelecido. Terminam, em princípio, com a liquidação da sociedade. Essa liquidação, todavia, processa-se de várias maneiras e deve ser analisada esta questão em cada caso. A liquidação dessa sociedade está regulada pelo código e sobre ela falaremos adiante.

## 6.2. Obrigações do sócio

### 6.2.1. *Contribuição social*

Os sócios são obrigados, na forma e prazo previstos, às contribuições estabelecidas no contrato social. O que deixar de fazê-lo, nos trinta dias seguintes ao da notificação pela sociedade, responderá perante ela pelo dano emergente da mora. Verificada a mora, poderá a maioria dos demais sócios preferir, à indenização, a exclusão do sócio remisso, ou reduzir-lhe a quota ao montante já realizado. Em ambos os casos, o balanço será levantado, para ser examinada a situação patrimonial da sociedade e apurar-se o valor da quota do sócio remisso.

Ao subscrever a quota, o sócio deve integralizar o valor dela, pois assumiu esse compromisso. Integralizar tem o sentido de pagar. Normalmente, a integralização, isto é, o pagamento, é feito no ato, mas nem sempre isto ocorre. É uma obrigação assumida pelo sócio perante a sociedade e ele deve cumpri-la. Se não pagar sua quota, estará inadimplente e responderá por isso. Nesse caso, várias opções se oferecem à sociedade, por deliberação dos outros sócios:

- Executar o contrato, obrigando o sócio inadimplente a pagar;
- Expulsar o sócio da sociedade, cancelando sua quota ou vendendo a outrem;
- Exigir reparação de danos, mesmo adotando as duas medidas anteriores.

O sócio cuja contribuição consiste em serviços não pode, salvo convenção em contrário, empregar-se em atividade estranha à sociedade, sob pena de ser privado de seus lucros, e excluído dela. Se o sócio comprometeu-se a integralizar sua quota com a prestação de serviços tem que efetivamente trabalhar na empresa, prestando serviços úteis a ela. Por isso, o próprio contrato social deve precisar quais as prestações a que esse sócio se obriga. Se o contrato social estabeleceu cláusula em contrário, prevalece ela, pois em matéria de Direito Contratual predomina a autonomia da vontade.

Podemos imaginar algumas situações referentes à posição de um sócio comprometido em integralizar sua parte no capital com a prestação de serviços. Por exemplo, ao iniciar-se o exercício anual, o sócio de uma empresa vai recebendo pelos serviços prestados, reservando mensalmente 10% para a integralização. Após dez meses terá completado sua integralização. A cada mês corresponde uma quota com valores diferentes. Se tiver ele que auferir lucros ou suportar prejuízos, deverá ser tirada a média dessas quotas mensais, para estabelecer a proporção.

### 6.2.2. *Transferência de quota*

Os sócios são os donos da sociedade, mas cada um deve compreender que ele é um cossócio (sócio com) e não dono absoluto. Precisará respeitar os direitos e poderes dos demais sócios, que aliás são tutelados pela lei. Vários casos há em que seu direito de propriedade fica restringido pela aprovação dos demais sócios. A cessão total ou parcial de quota, sem a correspondente modificação do contrato social com o consentimento dos demais sócios, não terá eficácia quanto a estes e à sociedade.

O sócio que, a título de quota social, transmitir domínio, posse ou uso, responde pela evicção, e pela solvência do devedor, o que transferir crédito. Ao ser feita a cessão da quota, deve o cessionário, ou seja, o novo sócio, ser protegido contra eventuais fraudes. Mesmo que haja aprovação dos demais, pode ela ser declarada ineficaz a cessão de uma quota se o seu adquirente vier a perdê-la por decisão judicial que anule o direito de propriedade do sócio cedente sobre a quota. Não fica bem definida a situação do crédito, porquanto há muitos tipos de crédito e documentos que representam, como, por exemplo, um título de crédito (nota promissória, letra de câmbio, cheque, duplicata).

O sócio não pode ser substituído no exercício de suas funções sem o consentimento dos demais sócios, expresso em modificações do contrato social. Essa disposição é aqui repetida e torna-se inexorável. A Sociedade Simples é uma sociedade de pessoas, vale dizer, a pessoa do sócio é fator primordial em sua estrutura;

os sócios devem ser unidos pela *affectio societatis*. Nem mesmo poderá entrar como sócio a esposa de um sócio falecido: quem gozava da aprovação dos demais era o marido e eles podem não aprovar a viúva, a não ser que o contrato social tenha previsto previamente a aceitação.

Não poderá um sócio assumir os poderes de outro sócio sem aprovação dos demais; seu substituto só poderá ser outro sócio, mas com o consentimento de todos. Por exemplo: um sócio-gerente decide afastar-se de suas funções; seu substituto só poderá ser outro sócio, mas com o consentimento dos demais.

## 6.3. Direitos do sócio

O sócio é o dono da sociedade, ou melhor, o codono, uma vez que a sociedade deve ter no mínimo dois sócios. Sendo dono, desfruta ele o *"jus utendi, fruendi et abutendi"* = direito de usar, gozar e dispor daquilo que lhe pertence. Pode, portanto, fechar a sociedade, da mesma forma que a abriu. Pode vendê-la a outrem ou doá-la. O aplicar dinheiro nela adquiriu direitos; se ele assume obrigações, justo seria também contrair direitos. São muitos os direitos, que agruparemos em cinco classes:

### 6.3.1. *Participação nos lucros*

O principal direito do sócio é o de participar nos lucros da sociedade e foi para isso que subscreveu o capital. O capital é, destarte, um investimento do sócio, com objetivo de lucro. É como se formasse um pecúlio ou uma poupança. Já fizemos referência a esse direito diversas vezes; é ele realçado em várias disposições legais e sugestiva jurisprudência. Para que faria ele a subscrição da quota no capital da sociedade se não resultasse na conquista desse direito? Que sentido teria também o conceito de contrato social, expresso no artigo 981, quando fala na partilha dos resultados entre os sócios?

É nula a estipulação contratual que exclua qualquer sócio de participar dos lucros e das perdas. Por princípio, uma convenção entre pessoas privadas não pode derrogar lei de ordem pública. O sócio investe seu dinheiro na sociedade para obter os lucros com que possa viver. É fundamento do Direito Societário que a sociedade é profissional e seu conceito esclarece que seu objetivo é a obtenção de lucros para distribuí-los entre os sócios que a compõem. Nenhum acordo entre sócios pode proibir a distribuição de lucros a um sócio, que é um ultraje à lei e não poderá ter validade jurídica.

A distribuição de lucros ilícitos ou fictícios acarreta responsabilidade solidária dos administradores que a realizarem e dos sócios que os receberem, conhecendo ou devendo conhecer a ilegitimidade. Apesar da distinção da personalidade jurídica entre a pessoa jurídica e as pessoas naturais que a compõem, separando a responsabilidade patrimonial da pessoa jurídica do patrimônio dos sócios, procura esse critério evitar fraudes. Se os lucros forem ilícitos são frutos de um crime; se forem fictícios será uma fraude e não pode a lei regulamentar a prática de um crime. Em ambos os casos há um estelionato; algum sócio será prejudicado e outro beneficiado. Essa fraude poderá ser anulada, retornando aos cofres da sociedade os lucros irregularmente distribuídos ou, então, será indenizado o sócio prejudicado.

Salvo estipulação em contrário, o sócio participa dos lucros e das perdas, na proporção das respectivas quotas, mas aquele cuja contribuição consiste em serviços somente participa dos lucros na proporção da média do valor das quotas. O aporte de capital é um investimento do sócio; ele é um dos donos da sociedade e, portanto, colherá os frutos de seu investimento. Esses frutos recaem sobre o sócio na proporção do valor de sua quota. Não seria equitativa a distribuição de lucros numa sociedade em que um tem 90% do capital e outro 10% e, no entanto, os lucros seriam divididos meio a meio.

### 6.3.2. *Direito de recesso*

Se o sócio tem o direito de entrar numa sociedade, tem também o direito de sair, independentemente de justificativa. O grande problema, porém, é a apuração do valor de sua quota para que lhe seja devolvida. Ainda que a questão esteja sendo discutida judicialmente, não é fácil o deslinde do processo, devido à avaliação do estabelecimento (fundo de comércio), tarefa das mais difíceis.

O ideal seria o entendimento do sócio retirante com os demais e a transferência de sua quota a outrem, com a aprovação dos demais sócios, que irão aceitar novo componente da sociedade. Devido à autonomia da vontade, o sócio avalia a sua quota e discute com o comprador o valor da quota a ser transferida. Não havendo possibilidade dessa transação, será de alta conveniência empresarial resolver o problema entre o sócio em recesso e os outros sócios por meio da mediação e arbitragem, fórmula alternativa de solução de litígios, atualmente em larga aplicação na vida empresarial brasileira. Essa fórmula foi realçada na Lei das S.A., graças à reforma pela Lei 10.303/2001.

### 6.3.3. *Participação na gerência da sociedade*

Há dois tipos de sócios, dos quais já falamos e muito falaremos: o sócio-quotista e o sócio-gerente, este último chamado pelo novo código de administrador. Nem todos os sócios são administradores, mas todo sócio participa da escolha do administrador, podendo todos os sócios ser administradores da sociedade. Há dois direitos nessa questão: o de o sócio escolher o administrador e ele próprio ser escolhido, vale dizer, o direito de votar e o de ser votado.

Por seu turno, o sócio-administrador tem direito a remuneração pelos serviços que prestar à sociedade denominado pró-labore. Essa remuneração não é direito do sócio mas do administrador; este, porém, é um sócio, de tal maneira que só sócio tem direito ao pró-labore.

### 6.3.4. *Participação nas deliberações*

A escolha do administrador já representa deliberação dos sócios. Todo sócio tem o direito de deliberar sobre reforma do contrato social, como mudança de nome, de domicílio, aumento de capital. A faculdade de deliberação é proporcional ao valor de sua quota; se o sócio tem pequena quota, suas decisões podem não pesar nas decisões sociais, mas por menor que seja sua quota, seu direito de deliberar está assegurado.

### 6.3.5. *Fiscalização da gerência*

Conforme foi referido, nem todo sócio é administrador, ficando alguns apenas como sócios-quotistas, ou seja, sem participar da sociedade. Todavia, ele é um dos donos dela, elemento interessado no sucesso da empresa, motivo pelo qual lhe cabe fiscalizar o andamento dos negócios, a atuação dos administradores e eficiência administrativa da sociedade. Ele tem acesso à contabilidade, aos livros fiscais e às demonstrações financeiras da sociedade, que os administradores estão obrigados a exibir-lhe.

### 6.3.6. *Exigências aos demais sócios*

Em caso de dissolução da sociedade, o sócio terá o direito de exigir contribuições dos demais sócios, para cobrir o déficit apurado. Se a sociedade tiver dívidas, não pode ser liquidada.

# 7. DA ADMINISTRAÇÃO DA SOCIEDADE SIMPLES

7.1. O administrador da Sociedade Simples
7.2. Administração colegiada ou individualizada
7.3. Exigências para a investidura
7.4. Administração sob mandato
7.5. Indicação no contrato social
7.6. Responsabilidade dos administradores
7.7. Função intransferível e indelegável

## 7.1. O administrador da Sociedade Simples

A administração da Sociedade Simples ficou regulamentada pelo nosso código novo de forma bem explícita, o que não acontecia antigamente, nem com a lei da sociedade por quotas, nem com as demais sociedades de pessoas. Aliás, a Sociedade Simples, chamada de sociedade civil, nem era regulamentada.

Fica a administração da Sociedade Simples a cargo do "administrador", anteriormente chamado de sócio-gerente, expressão que ainda permanece em nosso direito. O administrador só poderá ser pessoa natural e será incumbido da "administração da sociedade", conforme diz o código. Poderá a sociedade ter um ou vários administradores para gerir as atividades sociais. O termo "administrar" é interpretado de várias maneiras, quer na ciência do direito, quer na administração de empresas, quer na economia. No que tange ao Direito Societário, administrar e gerir são palavras sinônimas; vem justificada por essa sinonímia a designação dada pelo antigo direito de sócio-gerente ao atual administrador.

## 7.2. Administração colegiada ou individualizada

Quando por lei ou pelo contrato social competir aos sócios decidir sobre os negócios da sociedade, as deliberações serão tomadas por maioria de votos, contados segundo o valor das quotas de cada um. Há casos em que certas decisões não ficam a cargo do administrador, mas ao conjunto de sócios, casos esses previstos em lei como o da inclusão de novo sócio, ou então por cláusula contratual.

Essas decisões colegiadas ficam submetidas a certas normas traçadas na lei. São tomadas essas decisões segundo o critério adotado nas assembleias da S.A. por votação em que pesa o valor da quota. Como a quota é indivisível, deve achar uma fórmula para atribuir a cada quota o número de votos, segundo o seu valor, como, por exemplo, um voto por real. Vamos esmiuçar a solução: uma sociedade simples com três sócios, cada um com quota diferente, a saber:

Ulpiano ...... R$ 10.000,00
Modestino..... R$ 7.000,00
Pompônio ..... R$ 3.000,00.

Numa votação, Ulpiano teria 10.000 votos, Modestino 7.000 e Pompônio 3.000. Uma proposta deliberada poderá ser decidida se contar com 5.000 votos. Poderá, neste caso, haver empate se Ulpiano for a favor da proposta e os outros dois contra. Entretanto, neste caso, vence o voto de Modestino e Pompônio, pois houve dois sócios contra um. Para a formação da maioria absoluta são necessários votos correspondentes a mais da metade do capital. Prevalece a decisão sufragada por maior número de sócios no caso de empate, e, se este persistir, decidirá o juiz.

É possível outra hipótese: o capital de uma Sociedade Simples é de R$ 40.000,00 distribuído entre quatro sócios em partes iguais, sendo R$ 10.000,00 de cada um. Numa votação, dois sócios votam a favor e dois contra; haverá, portanto, duplo empate: por votos e votantes. Neste caso, a solução será dada num processo judicial. Parece-nos, porém, que submeter a questão à arbitragem, nos termos da Lei 9.307/96, seria a melhor solução.

Responde por perdas e danos o sócio que, tendo em alguma operação interesse contrário ao da sociedade, participar da deliberação que a aprove graças a seu voto. É a posição do sócio que confundir duas posições: de sócio e de terceiro negociando com a sociedade. Por exemplo, uma decisão sobre o fornecimento de equipamento industrial com preço orçado por vários fornecedores. Na votação pende a vitória a um fornecedor que é uma empresa formada por família do sócio da compradora, cujo voto pendeu na escolha.

Nos atos de competência conjunta de vários administradores torna-se necessário o concurso de todos, salvo nos casos urgentes em que a omissão ou tardança das providências possa ocasionar dano irreparável ou grave. Para esclarecer melhor, os administradores podem administrar a sociedade simples disjuntivamente ou conjuntivamente. Se houver, por exemplo, dois administradores disjuntivos, cada um age por si, assina por si; um cheque, por exemplo, pode ser emitido com a assinatura de um ou de outro. Se eles operarem de forma conjunta, cada um deverá operar em conjunto com os demais; se houver responsabilidade conjunta, um cheque deverá ter a assinatura de todos os administradores. Há situações excepcionais; em caso de premente necessidade de uma decisão e se ela não for tomada poderá acarretar prejuízos à sociedade, poderá um sócio tomar decisão isolada.

## 7.3. Exigências para a investidura

Estão legalmente impedidos de exercer atividade empresarial, ou seja, não podem ser administradores de uma sociedade simples as pessoas condenadas por crimes reveladores de abuso de confiança ou desrespeito ao patrimônio alheio. Indicamos as razões:

1. *Crime falimentar*

Neste caso, é quem tenha sido condenado como empresário mercantil individual, que o Código Civil chama exclusivamente "empresário", e não por ser sócio de empresa falida. Não fica esclarecido se o impedimento atinge a quem já cumpriu a pena e quem já foi reabilitado. Somos de opinião de que esse impedimento atinge a quem responde por inquérito por crime falimentar, a menos que tenha sido absolvido. O que ocorre é que a "indústria de falências" estabeleceu efetivo esquema de prescrição de crimes falimentares. Contudo, prescrição não é absolvição.

2. *Crimes contra a propriedade alheia*

Integram-se nessa tipologia genérica furto, roubo, apropriação indébita, estelionato.

Nos quatro casos, o autor do crime é um ladrão, e não seria lógico um ladrão condenado ser administrador de uma sociedade.

3. *Crimes contra a fé pública*

É o caso de falsificação, ou seja, o "administrador da empresa" ter sido condenado como falsário.

4. *Crimes contra a economia popular*

Nessa categoria incluem-se a prevaricação e a peita ou suborno.

## 7.4. Administração sob mandato

O administrador nomeado por instrumento em separado deve averbá-lo à margem da inscrição da sociedade, e pelos atos que praticar, antes de requerer a averbação, responde pessoal e solidariamente com a sociedade. O administrador deve constar já do contrato social, mas é possível que algum seja incluído posteriormente. A investidura nessa posição dependerá de um instrumento escrito, com a assinatura de todos os sócios e averbado no registro da sociedade no Cartório de Registro Civil de Pessoas Jurídicas. Se praticar algum ato antes de averbar o instrumento, o ato será válido e obrigará a sociedade, mas o administrador responderá solidariamente com ela. Nota-se que o código fala em ato praticado antes de requerer a averbação e não antes de ser registrado.

O contrato social deve indicar quem serão os administradores da sociedade. Se o contrato for omisso, todos os sócios serão administradores. Poderá haver um só administrador; ou vários administradores, cada um agindo disjuntivamente, vale dizer, isoladamente; poderá um discordar do outro, submetendo a questão à solução do corpo de sócios.

Esse aspecto parece um tanto confuso porquanto o novo Código Civil introduziu novos termos na nomenclatura societária, como aconteceu com o termo "administrador", tal como constava no código italiano, mas era estranho a nós. Esse termo tem muitos significados, não só quando usado vulgarmente mas em nosso direito, e podemos relacionar alguns:

Administrador é o sócio da sociedade de pessoas, mas que é escolhido pelos demais sócios para exercer a gerência da sociedade e a sua administração. Era chamado no direito anterior ao Código Civil de 2002 de sócio-gerente, expressão que ainda é utilizada na linguagem comum, até que a designação de administrador fique sedimentada.

Administrador é uma pessoa que não é sócio de uma sociedade, mas recebe dela, por meio de mandato, poderes para exercer sua gerência e administração. Pode ser um funcionário assalariado, exercendo a gerência das atividades da sociedade, graças a um mandato para tanto. É também possível que não seja funcionário, mas apenas um mandatário autônomo.

Administrador é o membro do Conselho de Administração de uma sociedade anônima, que tem um órgão diretivo não obrigatório, a não ser nas companhias de capital aberto e de capital autorizado. Os membros do Conselho de Administração são por isso chamados de conselheiros ou administradores.

Administrador é considerado o diretor de uma sociedade anônima; suas funções são próprias de direção e administração da empresa.

Administrador é a pessoa formada em Faculdade de Administração de Empresas.

Administrador é todo aquele que administra. O chefe de uma oficina mecânica administra essa oficina, sendo, portanto, um administrador. O gerente-administrativo de uma empresa exerce funções típicas de administrador. O diretor de um clube também exerce essa função, como também a exerce o diretor-administrativo de um clube. O administrador de uma fazenda agropecuária exerce a administração geral dessa propriedade rural. O síndico da falência é o administrador da massa falida. O capataz ou feitor administra grupo de pessoas num trabalho. O diretor de uma escola administra suas atividades.

Em nossa opinião, as designações de sócio-gerente e gerente não mais cabem juridicamente como administrador. O primeiro cargo tornou-se privativo do "gerente" previsto no artigo 1.171 do Código Civil, que o define, como podemos ver:

> *Considera-se gerente o preposto permanente no exercício da empresa, na sede desta, ou em sucursal, filial ou agência.*

A expressão *sócio-gerente* é ainda utilizada vulgarmente, devido à tradição, mas o Código Civil não a adotou, motivo pelo qual juridicamente ela se tornou inadequada, devendo pouco a pouco ser substituída por *administrador*. Deverá ser demorada essa substituição se levarmos em conta os casos anteriores de mudança de nome. Vamos citar um exemplo: a expressão Direito Mercantil foi substituída em 1808, no surgimento do Código Comercial francês, mas, no Brasil, a mudança de nome só começou em 1850, quando foi promulgado o Código Comercial brasileiro.

## 7.5. Indicação no contrato social

O administrador poderá exercer sua ação apenas nos limites de seus poderes, não podendo ultrapassá-los. É a teoria do *ultra vires societatis*, já consagrada. Se o administrador usar de poderes que não lhe foram outorgados pela sociedade ou se praticar atos não compreendidos nas suas atribuições, responderá por eles perante a sociedade. A responsabilidade *ultra vires societatis*, contudo, é apenas do administrador para com a sociedade e não para com terceiros, razão pela qual esses atos acarretam a responsabilidade para com terceiros, tendo ela o direito regressivo contra o administrador arbitrário.

Responde por perdas e danos perante a sociedade o administrador que realizar operações sabendo ou devendo saber que estava agindo em desacordo com a maioria.

## 7.6. Responsabilidade dos administradores

Os administradores respondem solidariamente perante a sociedade e os terceiros prejudicados por culpa no desempenho de suas funções. Desse modo, abre-se mais a responsabilidade do administrador se, ainda que sem abusar dos seus poderes, causar prejuízos a terceiros. Trata-se, neste caso, da responsabilidade aquiliana, ou seja, baseada na culpa. O ônus da prova cabe ao terceiro que alega.

Citemos um exemplo: um administrador, dirigindo um veículo da sociedade em serviço, causa acidente em vista da inobservância das normas de trânsito. Praticou um ato de gestão, pois estava exercendo atividade empresarial, mas a culpa do acidente foi dele. Neste caso, a sociedade responderá pelas perdas e danos perante o terceiro prejudicado, mas o terceiro poderá incluir na execução o administrador, invocando a responsabilidade solidária. A sociedade terá contra o administrador o direito de regresso.

O administrador que, sem consentimento escrito dos sócios, aplicar crédito ou bens sociais em proveito próprio ou de terceiros terá de restituí-los à sociedade, ou pagar o equivalente, com todos os lucros resultantes e, se houver prejuízo, por eles também responderá. Fica sujeito às mesmas sanções o administrador que, tendo em qualquer operação interesse contrário ao da sociedade, tome parte na correspondente deliberação. Esse comportamento indevido do administrador equivale a uma prevaricação. Ele abusou de seus poderes dentro da sociedade, fazendo os atos de gestão redundarem em seu benefício pessoal. Por exemplo, fornece mercadorias a preço abaixo do valor a um cliente que lhe tenha fornecido mercadoria abaixo do valor. É operação vulgarmente chamada de "troca de chumbo". O administrador provoca confusão entre os seus interesses e os interesses sociais, resultando em lucro pessoal em detrimento da sociedade. Vamos citar outro exemplo: o administrador empresta veículo da sociedade a uma empresa da qual ele é sócio; ou, então, quem empresta o veículo é um outro administrador, mas a operação é aprovada pelo administrador ligado à empresa beneficiada. Em casos assim, fica o administrador obrigado a reparar os danos sofridos pela sociedade que ele administra; mesmo que ela não sofra prejuízos, os lucros que ela tiver obtido deverão ser recolhidos à sociedade.

No silêncio do contrato, os administradores podem praticar todos os atos pertinentes à gestão da sociedade. Não constituindo objeto social, a oneração ou a venda de bens imóveis depende do que decidir a maioria dos sócios. O contrato social deve definir quais os atos que os administradores possam ou não praticar, mas os sócios podem delegar poderes mais amplos aos administradores, pois vigora o princípio da autonomia da vontade. Na omissão contratual há liberdade dos administradores na gestão das atividades empresariais. Contudo, os atos não pertinentes à gestão empresarial, como a venda de imóveis, obedecerão a outro critério: serão submetidos à decisão dos sócios, que decidirão por maioria de votos.

O excesso por parte dos administradores somente pode ser oposto a terceiros, se ocorrer pelo menos uma das seguintes hipóteses, previstas no artigo 1.015 do Código Civil:

 **A.** Se a limitação de poderes estiver inscrita ou averbada no registro próprio da sociedade. Nesse caso, haveria obrigação do terceiro em saber que estava transacionando irregularmente com a sociedade. É preciso, porém, examinar cada caso, para ver se estava totalmente enquadrado nessa disposição, como se a operação realizada

trouxer proveito para a sociedade e não para o sócio; em situação semelhante, a sociedade teria se enriquecido indevidamente.
B. Se o terceiro que contratasse com a sociedade soubesse que estava agindo mal, ciência essa devidamente comprovada.
C. Se a transação realizada não fizesse parte do objeto social, como por exemplo, uma metalúrgica comprando cem sacas de açúcar.

Nesse aspecto, o novo Código Civil introduz no artigo 1.015 novo regime de responsabilidade dos administradores da Sociedade Simples, já que essa disposição não se aplica às outras sociedades. A lei parece conceder a ela uma blindagem contra possíveis ações de terceiros contra ela, quando seu administrador se exorbitar nos seus poderes e praticar atos em nome da Sociedade Simples que a comprometam perante terceiros. Radicaliza a teoria do *ultra vires societatis* = além dos poderes sociais, pela qual a sociedade fica protegida contra os excessos de seus administradores. Destarte, o terceiro que negociar com a sociedade deverá exercer ação contra ela se ela não conseguir provar os defeitos do ato de seus administradores.

Essa situação dá insegurança aos terceiros que contratarão com a Sociedade Simples. Eles deverão pedir o contrato social dela, examiná-lo e analisá-lo para constatar se um ato dela foi praticado por meio do administrador que não tinha poderes para tanto. Esses cuidados são muito difíceis e trabalhosos. Poderá trazer dificuldades à própria Sociedade Simples, que não contará facilmente com a confiança de seus clientes. Dará azo a malandros, para a prática de fraudes e enriquecimento ilícito. O Código Civil não diz a quem caberá o ônus da prova: se à sociedade ou ao terceiro.

A primeira exigência para a alegação da *ultra vires societatis* é a de que o contrato social arquivado no Cartório deixe bem clara a limitação dos poderes dos administradores e fiquem bem definidos seus poderes. Por exemplo: o contrato social diz que os administradores não poderão conceder aval ou fiança em nome da Sociedade Simples, que poderá recusar-se a cumprir essa garantia por ser evidente o excesso de poderes do administrador.

Nas práticas empresariais do dia a dia não é costumeiro exigir o contrato social de uma sociedade, o que coloca em situação de insegurança quem com ela contratar.

A segunda exigência não é favorável à Sociedade Simples. Cabe a ela o ônus da prova de que o terceiro que contratou com ela sabia que seu administrador estava agindo além de sua capacidade. Mesmo assim, é de se duvidar da idoneidade dessas provas. Por exemplo: pode haver cláusula no contrato de prestação de serviços, deixando antever até onde vai a autoridade dos administradores da sociedade prestadora de serviços. Essa cláusula fica expressa normalmente em letras minúsculas num contrato de várias páginas. Grande parte das sociedades simples são empresas prestadoras de serviços e seus clientes não são empresas, mas pessoas privadas, como, por exemplo, uma empregada doméstica; ela não irá pedir o contrato social da empresa que lhe presta serviços, nem terá condições intelectuais de examiná-lo.

Por outro lado, a Sociedade Simples é uma sociedade de pessoas e nela vigora a *affectio societatis*. Se os sócios celebram um contrato entre si para constituir uma sociedade é porque um confia no outro. Como pode, depois, essa sociedade alegar que um sócio foi desonesto e deu um golpe em ambos: a sociedade e o terceiro? No mínimo, essa sociedade teve culpa *in eligendo*. E o sócio infrator continua como sócio ou será expulso da sociedade? Se ele permanecer, evidencia-se a conivência da sociedade para com os atos de seu administrador. Se fica provado realmente que o terceiro contratante sabia das limitações dos poderes do administrador que contratou com ele em nome da sociedade, e mesmo assim celebrou uma transação lesiva a ela, terá agido em conluio imoral com o administrador. Justo será que a lei não isente de culpa quem terá agido de má-fé, e a sociedade poderá opor contra ambos a nulidade do ato praticado, isentando-a de obrigações. Poderá ser invocado, neste caso, o artigo 47 do Código Civil:

> *Obrigam a pessoa jurídica os atos dos administradores, exercidos nos limites de seus poderes definidos no ato constitutivo.*

Se a lei garante os atos praticados pelo administrador nos limites de seus poderes, tacitamente exclui de sua proteção os atos praticados além deles. Aplica-se nesse caso a teoria da aparência.

Vejamos agora o terceiro pressuposto para que a Sociedade Simples possa safar-se da responsabilidade por atos praticados em seu nome por administradores. É quando o ato for evidentemente estranho a seus negócios. Vamos citar um caso destes: uma metalúrgica comprou 50 sacas de açúcar, fato realmente estranho. A mercadoria foi adquirida no domicílio da compradora, para ser paga em trinta dias. Passados trinta dias, a duplicata não foi paga. As 50 sacas de açúcar foram entregues no domicílio da compradora. Há presunção de boa-fé na transação feita. O vendedor não vai desconfiar de seu cliente. A boa-fé está prevista em nossa lei, conforme se pode ver no artigo 113 do Código Civil:

*Os negócios jurídicos devem ser interpretados conforme a boa-fé e os usos do lugar de sua celebração.*

Julgamos ainda que o Código Civil deveria prever se o ato praticado pelo administrador trouxe ou não proveito à Sociedade Simples; o açúcar foi entregue no domicílio dela e ela o recebeu, assinando o canhoto da nota fiscal? Se recebeu a mercadoria enriqueceu o seu patrimônio e, portanto, não teria motivo de queixa.

Outro característico que o artigo 115 deveria também ter previsto é o local em que a transação praticada pelo administrador teria sido praticada. Se a operação foi realizada no domicílio dela, não deveria ter permitido a concretização do negócio irregular. Nesse caso, ela teve culpa *"in vigilando"*. O antigo Código Comercial, revogado pelo novo Código Civil, previa a responsabilidade de uma empresa por transações realizadas em seu domicílio por seus prepostos.

Após essas considerações, somos de parecer de que o artigo 1.015 não deve ser levado muito ao pé da letra, mas considerando as circunstâncias de cada caso, como a questão do local do ato praticado com excesso de poderes de seus administradores e o fator retrocitado, a respeito dos possíveis benefícios que esse ato tenha causado à sociedade.

## 7.7. Função intransferível e indelegável

Ao administrador é vedado fazer-se substituir no exercício de suas funções, sendo, entretanto, facultado, nos limites de seus poderes, constituir mandatários da sociedade, especificados no instrumento os atos e operações que poderão praticar. Os poderes de gestão e as atribuições conferidas ao administrador são *intuitu personae*; ele não poderá transferi-los. Como dirigente da empresa poderá delegar poderes a um gerente, que é um preposto. Poderá também outorgar mandatos em nome da sociedade, como a um advogado ou a um representante comercial autônomo.

São irrevogáveis os poderes do sócio investido na administração por cláusula expressa no contrato social, salvo justa causa, reconhecida judicialmente, a pedido de qualquer dos sócios. São revogáveis, a todo tempo, os poderes conferidos a sócio por ato separado, ou a quem é o sócio administrador, que só poderá ser destituído dessa função por ato a ser averbado no Cartório, assinado por todos os sócios, inclusive por ele próprio. Se não contar com sua concordância, os sócios poderão destituí-lo graças à ação judicial. Esta ação deverá ser motivada por justa causa, como, por exemplo, se ele infringiu os deveres de diligência e lealdade, ou se for constatada sua condenação por crimes que o indisponham ao exercício do seu cargo.

As disposições acima descritas, com previsão no artigo 1.019, contemplam dois aspectos diferentes, conforme seja o tipo de administrador e vamos exercer análise crítica dos dois critérios. Se o administrador for sócio da empresa, ou seja, um sócio--administador, é adotada a irrevogabilidade das funções, e, se ele não estiver de acordo com seu afastamento, a questão será resolvida na Justiça. Esse critério nos parece incompatível com o dinamismo da vida atual. No mundo moderno, não cabe solução judicial de divergências empresariais, ante as inúmeras inconveniências apresentadas pela justiça, principalmente a morosidade, a publicidade dada a assuntos confidenciais, a falta da especialidade dos julgamentos, a excessiva contenciosidade e outras mais. O afastamento de um sócio implica alteração do contrato social e as alterações desse tipo só podem ser realizadas com a aprovação unânime dos sócios, e, naturalmente, o sócio a ser afastado não estará de acordo. Levado o assunto à Justiça, o afastamento só se dará após o trânsito em julgado da sentença que opinou pelo afastamento. É sabido que o prazo médio de resolução desse tipo de processo é de dez anos, considerando-se que poderá haver recurso à Justiça superior, cujo prazo de deslinde é de mais ou menos três anos. E durante esse tempo, o sócio considerado inconveniente permanece em seu cargo, no exercício de suas funções, usufruindo seus poderes, criando um ambiente interno desfavorável à empresa.

O ideal seria prever no próprio contrato a solução de tais problemas. Poderia, por exemplo, ser incluída a cláusula compromissória, engajando todos os sócios a adotarem a arbitragem como sistema de resolução de potenciais divergências existentes entre eles. É sabido que o sistema arbitral apresenta muitas vantagens em pontos em que a Justiça falha: é rápida, confidencial, especializada, de baixa contenciosidade. Essa cláusula deveria ser inserida em quase todos os contratos empresariais.

Não sendo sócio-administrador, ou seja, o sócio previsto no contrato social como administrador da sociedade, a situação se torna mais simples. É um administrador não sócio, e não foi nomeado administrador no contrato social, sendo um funcionário remunerado e nomeado por mandato conferido pela sociedade. Se for um funcionário remunerado, pode ser dispensado a qualquer momento, nos termos da legislação trabalhista; se for nomeado por mandato, o mandante poderá a qualquer momento revogar o mandato. Não haverá necessidade de alteração no contrato social. A nosso ver, não haverá necessidade de unanimidade, mas o mandato pode ser revogado por decisão da maioria.

# 8. RELAÇÕES COM TERCEIROS

    **8.1.** A sociedade no seu ambiente
    **8.2.** Responsabilidade pessoal dos sócios
    **8.3.** Direitos dos credores dos sócios
    **8.4.** Situação do novo sócio
    **8.5.** Partilha da quota do sócio

## 8.1. A sociedade no seu ambiente

A sociedade é um organismo vivo, com intensa vida social, com incessantes contatos com a coletividade a que pertence. É consequência de sua personalidade jurídica. Ela compra matéria-prima e outros produtos de seus fornecedores, que fazem parte da coletividade vizinha a ela. Assalaria seus funcionários e obriga-se a pagar tributos. Mantém amplo relacionamento com bancos: obtém deles crédito para suas operações e terá de pagá-los. Cidades há intimamente vinculadas a empresas; citaremos como exemplo a cidade de Volta Redonda, cuja atividade se exerce em conexão com a companhia siderúrgica que nela está instalada.

A sociedade adquire direitos, assume obrigações e procede judicialmente, por meio de administradores com poderes especiais, ou, não os havendo, por intermédio de qualquer administrador. A sociedade não tem mãos, mas assina cheques e contratos, assumindo obrigações ou adquirindo direitos. Ela age por intermédio de seus administradores; eles assinam por ela. Para tanto, há necessidade de que lhes sejam outorgados poderes especiais para cada tipo de ato. Se não constarem no contrato social os poderes especiais, tem-se que qualquer ato empresarial possa ser exercido pelos administradores.

Examinamos a personalidade jurídica da sociedade e vimos que ela começa a existir no momento em que se registra no órgão competente, mais precisamente o Cartório de Registro Civil de Pessoas Jurídicas para a sociedade simples e a Junta Comercial para os demais tipos de sociedade. É o que também prevê o artigo 45 do novo Código Civil:

> *Começa a existência legal das pessoas jurídicas de direito privado com a inscrição do ato constitutivo no respectivo registro, precedida, quando necessário, de autorização ou aprovação do Poder Executivo, averbando-se no registro todas as alterações por que passar o ato constitutivo.*

Assim sendo, ao ser registrada e recebendo a certidão de registro, a sociedade já tem existência legal, o que lhe dá personalidade jurídica. Ela está apta a adquirir direitos e contrair obrigações. Com o registro, quatro aspectos vão realçar nela:
- Capacidade patrimonial, podendo possuir patrimônio próprio, desvinculado do patrimônio pessoal das pessoas que a compõem.
- Capacidade de adquirir direitos.
- Capacidade de adquirir legalmente obrigações.
- Capacidade de atuar em juízo, ativa e passivamente.

Ao adquirir a personalidade jurídica, ela terá existência própria e autônoma, o que a capacita ainda a possuir um patrimônio próprio. Essa autonomia observa-se ainda ante as pessoas que a compõem. A sociedade é uma pessoa jurídica constituída de duas ou mais pessoas, geralmente físicas, mas há possibilidade de haver sociedades sócias de outra. Cada uma terá, pois, sua personalidade jurídica e patrimônio próprio, que não se confundem nem se comunicam. O antigo Código Civil mostrava-nos no "*caput*" do art. 20:

> *As pessoas jurídicas têm existência distinta da de seus membros.*

Esse artigo foi abolido no novo código, o que nos leva a crer que a autonomia da sociedade e de seus membros não é mais absoluta.

## 8.2. Responsabilidade pessoal dos sócios

Se os bens da sociedade não cobrirem as dívidas, respondem os sócios pelo saldo, na proporção em que participem das perdas sociais, salvo cláusula de responsabilidade solidária. Pelo que se vê, não ficam os sócios totalmente isentos de responsabilidade pessoal pelas dívidas que a sociedade contrair. É possível que o contrato tenha cláusula adotando responsabilidade solidária, mas as dívidas da sociedade transmitem-se aos sócios no saldo, vale dizer, a sociedade responde por duas dívidas, mas se ela não cobrir totalmente os débitos o resíduo deles passa para os sócios.

Esse resíduo é considerado uma perda, um prejuízo da sociedade e por isso passa para a responsabilidade do sócio, mas não de forma solidária e ilimitada. Responde ele na proporção do valor de sua quota.

Os bens particulares dos sócios não podem ser executados por dívidas da sociedade, senão depois de executados os bens sociais. A responsabilidade, ainda que haja cláusula de solidariedade, é sempre subsidiária. A sociedade responde por suas dívidas, mas, se não tiver com que pagá-las, resultando execução frustrada, os sócios responderão subsidiariamente por elas. Nesse caso, cremos que poderá haver duas execuções num mesmo processo. Desde que haja certidão do oficial de justiça certificando a ausência de bens da sociedade, para penhorar, ou a insuficiência deles, poderá ser requerida a penhora dos bens particulares dos sócios.

O novo código introduziu modificações na teoria da personalidade jurídica da sociedade, razão que nos faz focalizar mais este assunto, por ter havido mudança de critérios. Realmente os direitos da pessoa merecem respeito e a lei e a jurisprudência têm realçado a proteção desses direitos. Por isso, a distinção entre a pessoa jurídica da sociedade e dos sócios que a compõem continua prevalecendo, mas se tornou mitigada em vista dos artigos 1.023

e 1.024. Não se trata da aplicação da *Disregard Theory* (desconsideração da personalidade jurídica), que ficou prevista no artigo 50, mas da norma geral que atinge a sociedade simples em qualquer situação, e não só aplicada nos casos previstos naquele artigo. Outro critério veio embasar a nova orientação.

Vamos explicar a questão de outra forma, para que ela fique mais esclarecida. Se a sociedade contrai dívidas, ela se responsabiliza pelas dívidas que contraiu, e não seus sócios. Os bens poderão ser penhorados, vendidos em leilão, e seu fruto servirá para o pagamento das dívidas. Pode ocorrer, entretanto, que os recursos da Sociedade Simples sejam insuficientes para o pagamento das dívidas, sobrando um resíduo que passará para as calendas gregas, ficando em suspenso até que a sociedade possa obter recursos para saldá-lo. Naturalmente, nunca esse débito será pago, o que provocou o aparecimento da *Disregard Theory*, e agora surge novo dispositivo com o Código Civil para opor dificuldades a possíveis trapaças.

Esse privilégio societário foi mitigado pelos artigos 1.023 e 1.024, com base no princípio da equidade ou do equilíbrio. A vida de uma sociedade é feita de altos e baixos: um ano apresenta resultados propícios e outro desfavoráveis. Na época das "vacas gordas", isto é, quando os resultados apresentam lucros gordos, os sócios desfrutam a situação; é um direito que lhes cabe. Entretanto, se numa época posterior um desastre advém à sociedade, que amarga altos prejuízos, a sociedade se vê desprovida de recursos. Os lucros anteriores saíram de seu patrimônio e se incorporaram ao patrimônio particular dos sócios, não havendo modo legal de fazê-los retornar à sociedade. Neste caso, os prejuízos recairiam parcialmente no lombo da sociedade, de seus sócios e também no de seus credores. É a "socialização dos prejuízos". Não existe, porém, socialização dos lucros.

Vejamos o que aconteceu com grande e tradicional empresa de São Paulo, tendo operado durante décadas, deixando ricos seu fundador e seus herdeiros, sendo ainda hoje sua família bem conceituada. Após muitos anos de prosperidade, essa empresa entrou em declínio e foi à falência, deixando milhares de funcionários sem receber direitos trabalhistas, elevado débito tributário, recolhimentos ao INSS em atraso, sem pagamento a milhares de fornecedores, bancos e outros credores. Para eles foram créditos irrecuperáveis. Estamos citando um exemplo, mas poderíamos citar milhares de casos semelhantes.

Não pode cair no esquecimento a ocorrência com os maiores e tradicionais magazines, como o Mappin, a Mesbla, a Exposição-Clipper, Arapuã e a Ducal. O Mappin foi durante quase um século o maior magazine do Brasil, mas seus donos fizeram parceria com um "arareiro", que assumiu a direção. Pouco depois foi à falência, deixando na mão milhares de funcionários sem pagamento e milhões em dívidas. Hoje, o antigo dirigente do Mappin ocupa importantes cargos na administração pública e foi cogitado até para ministro de Estado. O administrador que provocou a falência circula pelo mundo, junto com seu filho, com belas mulheres a tiracolo, misses, modelos, manequins, artistas, e é fotografado em mansões espalhadas pela Europa e EUA.

Ante todas essas ocorrências, justas foram as disposições do Código Civil de 2002, em estabelecer responsabilidade dos sócios, ainda que subsidiárias, a menos que os sócios tenham celebrado cláusula de solidariedade no contrato social. Há, portanto, proteção legal para os direitos e o patrimônio pessoal dos sócios. Veja-se o que diz o artigo 1.023:

> *Se os bens da sociedade não lhe cobrirem as dívidas, respondem os sócios pelo saldo, na proporção em que participem das perdas sociais, salvo cláusula de responsabilidade solidária.*

Nessas condições, digamos que a sociedade deixou dívidas de R$ 45.000.000,00 e seus bens foram leiloados por R$ 30.000.000,00. Sobrou um resíduo de R$ 15.000.000,00, que deverá ser pago por seus três sócios, na proporção de suas quotas iguais, ou seja, R$ 5.000.000,00. Não houve, destarte, sacrifício extra dos sócios, pois eles só responderam pelo resíduo e não pela dívida toda. Em primeiro lugar, a cobrança das dívidas atingirá somente o patrimônio da sociedade, ficando os sócios de lado. É o que garante o artigo 1.024:

> *Os bens particulares dos sócios não podem ser executados por dívidas da sociedade, senão depois de executados os bens sociais.*

A lei estabelece assim uma grade de proteção ao sócio, garantindo sua incolumidade enquanto durar a execução das dívidas da sociedade. Essa incolumidade encontra certas limitações: se a responsabilidade do sócio for solidária com a da sociedade, ou se houver incidência de infração legal ou fraudes previstas no artigo 50 do Código Civil ou no Código de Defesa do Consumidor e da Lei de Abuso do Poder Econômico.

## 8.3. Direitos dos credores dos sócios

O credor particular do sócio pode, na insuficiência de outros bens do devedor, fazer recair a execução sobre o que a este couber nos lucros da sociedade, ou na parte que lhe tocar em liquidação. Se a sociedade não estiver dissolvida, pode o credor requerer a liquidação da quota do devedor, cujo valor apurado será depositado em dinheiro, no juízo da execução, até três meses após aquela liquidação. Outro ponto discutido há anos no direito brasileiro vem esclarecido nessa disposição estabelecida pelo novo Código Civil. Seria possível penhorar as quotas de um sócio? Na verdade, a quota é um valor, um bem constante no patrimônio do devedor e, portanto, é um bem penhorável. A situação agora se apresenta sob dois aspectos:

1. O credor, ao executar a dívida do devedor que seja sócio de uma sociedade simples, poderá pedir a penhora dos lucros que couber a esse devedor, requerendo a adjudicação desses lucros para o abatimento da dívida.

**2.** Poderá pedir também penhora da própria quota do devedor, devendo a sociedade apurar o valor econômico da quota, depositando em juízo o seu valor. O valor a ser depositado não é o valor nominal da quota, tal como consta no capital, mas o valor avaliado para ela.

Antes do Código Civil de 2002 a penhorabilidade da quota social era uma *vexata quaestio*, pois as opiniões doutrinárias eram díspares e contraditórias. As decisões jurisprudenciais também não se conciliavam. A situação ainda provoca discussões; alguns hermeneutas alegam que o artigo 1.026 não autoriza expressamente a penhora. Em nosso parecer, entretanto, esse artigo a autoriza, embora não afirme e vemos muitas bases para essa conclusão. O código não diz que pode, mas também não diz que não pode, e por um princípio jurídico, o que a lei não proíbe, permite, baseado no lema: proibir o abuso é consagrar o uso. Ao interpretar esse artigo, vamos transcrevê-lo:

> *O credor particular do sócio pode, na insuficiência de outros bens do devedor, fazer recair a execução sobre o que a este couber nos lucros da sociedade, ou na parte que lhe tocar em liquidação.*
> *Parágrafo único. Se a sociedade não estiver dissolvida, pode o credor requerer a liquidação da quota do devedor, cujo valor apurado na forma do art. 1.031 será depositado em dinheiro, no juízo da execução, até noventa dias após aquela liquidação.*

A quota social é um bem; faz parte do patrimônio pessoal do sócio; ele é o proprietário dela. Trata-se de um patrimônio lucrativo e a lei permite a penhora dos lucros que a quota propiciar; se a penhora recai sobre os lucros, tacitamente recai sobre a quota. Se o parágrafo único autoriza o credor do sócio a requerer a liquidação da sua quota está-lhe dando um poder sobre ela. E como a lei fala em "execução" prevê a penhora, pois esta é uma das fases da execução.

Os cultores das duas teorias, vale dizer, da penhorabilidade e da impenhorabilidade da quota parecem certos, apesar do paradoxo. A confusão decorre da forma de interpretação adotada pelos hermeneutas: cada um olha por um ângulo, por diferente ponto de vista. Na análise desses pontos de vista, chegaremos a uma conclusão estável. Devemos, então, partir de uma distinção básica, que veremos adiante.

O sócio adquire dois tipos de direito quando subscreve a quota social: direito patrimonial e direito pessoal, com elementos próprios de cada tipo:

DIREITOS PATRIMONIAIS: esses direitos se concentram em dois grupos:
   A. direito de participar dos lucros que a sociedade produzir, proporcionalmente, ao valor de sua quota;
   B. direito de participar do patrimônio da sociedade, caso seja liquidada, também na proporção do valor de sua quota.

DIREITOS PESSOAIS: são os decorrentes do *status socii*:
   A. direito de escolher os administradores da sociedade e de ser ele próprio escolhido como administrador;
   B. direito de examinar a contabilidade e fiscalizar os atos de administração;
   C. direito de participar da vida da sociedade, ainda que não seja administrador.

Se for penhorada a quota do sócio devedor, ficam penhorados apenas os direitos patrimoniais, sem serem atingidos os direitos pessoais. Aliás, isto é o que se depreende da interpretação do artigo 1.016. Considere-se ainda que a Sociedade Simples é essencialmente *intuitu personae*: o trabalho do sócio é da essência da sociedade; predomina a ação que ele exerce. Grande parte das sociedades simples é formada por pessoas da mesma família. Algumas não têm empregados: o trabalho é exercido pelos próprios sócios. Sendo sociedade *intuitu personae* os direitos pessoais dos sócios se realçam ainda mais, exigindo mais respeito. Se for penhorada a quota, o sócio vê enfraquecer a força dos direitos patrimoniais, mas os direitos pessoais permanecem firmes: ele continua dirigindo a empresa; seu trabalho continua essencial e poderá até transferir sua quota, embora a penhora continue com ela.

O credor do sócio adquire poderes sobre os direitos patrimoniais do sócio, mas não sobre os direitos pessoais, tanto que o credor não poderá substituir o sócio devedor na sociedade; não terá o direito de fiscalizar a administração da sociedade, votar e ser votado. Além disso, a própria sociedade poderá pagar a dívida, colocando o credor de lado e excluí-lo da relação jurídica. Se a quota for vendida em leilão, a sociedade poderá arrematá-la e ela poderá também ser arrematada por outro sócio. Não podendo adquirir os direitos pessoais do sócio devedor, o credor fica em situação de inferioridade perante os demais sócios.

Há outro aspecto da questão: o sócio devedor possui responsabilidade apenas subsidiária no tocante à sua quota. O credor deverá executar outros bens do devedor para obter a satisfação de seu crédito. Se o devedor não nomear bens à penhora e não forem encontrados outros bens, a insuficiência patrimonial do devedor deverá ser comprovada por certidão do Oficial de Justiça. Só depois dessa certidão poderá o credor tentar a penhora da quota.

### 8.4. Situação do novo sócio

Já falamos sobre os direitos, obrigações e responsabilidades dos sócios perante terceiros, mas há uma particularidade com referência ao novo sócio, o que não subscreveu o contrato social originário, o ato constitutivo da sociedade. Ele adquiriu sua quota de outra maneira: pode tê-la comprado de um sócio que saiu, pode tê-la recebido de herança, ou então ele a subscreveu em aumento de capital, aumentando o número de sócios. Fato é que ele ingressou na sociedade já constituída. Como fica sua posição perante as dívidas da sociedade, mesmo as já existentes antes de sua entrada?

O sócio admitido em sociedade já constituída não se exime das dívidas sociais anteriores à admissão. Não pode ele alegar que essas dívidas foram assumidas pela sociedade antes de sua entrada ou que ele não tenha concorrido para a formação delas. É uma questão de equidade: se ele adquire a quota, adquire direitos que ela dá; participa do patrimônio e de possíveis lucros que ela tenha obtido. Se ele se torna titular de direitos existentes antes de sua entrada, justo e lógico também que ele arque com a responsabilidade de dívidas anteriores.

Adquirir a quota de uma sociedade é como adquirir um automóvel, um imóvel ou qualquer outro bem, de segunda mão. Adquire uma propriedade, mas assume riscos, como impostos atrasados, dívidas vencidas ou a vencer, vícios redibitórios, penhora e outros gravames que possam onerar o bem comprado.

Quem compra uma quota compra uma empresa, com seus créditos e débitos. Uma empresa pode ter seu ativo aparente: estoques, imóveis, faturamento, dinheiro em caixa e em bancos, e outros bens. Ela pode também ter um imóvel, mas pesa hipoteca sobre esse imóvel. As novas disposições legais, expressas no artigo 1.025 do novo Código Civil, impõem, por esta razão, a responsabilidade a quem não adota cuidados ao entrar como sócio numa sociedade já existente.

## 8.5. Partilha da quota do sócio

Os herdeiros do cônjuge de sócio, ou o cônjuge do que se separou judicialmente, não podem exigir desde logo a parte que lhes couber na quota social, mas concorrer à divisão periódica dos lucros, até que se liquide a sociedade. A separação ou o divórcio de um sócio poderá perturbar a situação da sociedade. A quota de um sócio poderá ser dividida entre os dois pela partilha, passando o cônjuge a também ser sócio, por imposição legal. A fim de não romper a *affectio societatis* reinante nas sociedades personalizadas, o novo sócio assume poderes apenas se houver aceitação dos demais. Não havendo acordo geral, o cônjuge não pode exigir a entrega de sua quota, a não ser que a sociedade liberalmente a conceda. Como tem direito à quota, entretanto, perceberá os lucros correspondentes a ela.

Outra situação semelhante ocorre: um sócio é casado e seu cônjuge falecido. A metade da quota, correspondente à meação do cônjuge falecido, fica para os filhos; que passam a auferir os lucros proporcionais à sua parte no capital, mas não podem exigir a devolução da quota.

A sociedade é um organismo vivo, que nasce, desenvolve-se, transforma-se e morre, como se fosse um ser vivo. Nasce com o registro no órgão competente e durante sua vida passa por inúmeras mutações: aumenta seu capital, substitui algum sócio por outro, muda-se para outro endereço, amplia seu objeto social; tudo é registrado no órgão de seu registro, mais precisamente, tudo é averbado nesse registro. Entre essas mutações, há dois tipos causados por acontecimentos ocorridos na vida pessoal dos sócios e que mereceram a atenção da lei. São as consequências decorrentes da morte de um sócio ou de sua separação conjugal.

Nota-se no espírito do novo código o interesse pela preservação da sociedade, ante as mutações que ela possa sofrer. Evitam-se abalos que possam atingi-la em decorrência de eventos referentes a seus sócios. Vamos levantar uma hipótese: morre um sócio que era viúvo e deixou três filhos, todos casados. Um deles, porém, faleceu, deixando viúva, que passou a ser titular de direitos emergentes da quota; ela ficou com parcela daquela quota. Qual será a intenção dessa viúva como nova quotista? Poderá haver problemas e dificuldades para a sociedade? Estará ameaçada sua existência? Poderá haver mais problemas e dificuldades para a sociedade?

É possível que a solução desse problema esteja prevista no contrato social, o que realmente deveria ter acontecido, contudo, é o que nem sempre acontece e, na ausência de previsão contratual, a solução é procurada na lei. Se a lei não estabelece as hipóteses de solução, pelo menos deixa claro que a continuidade da sociedade deve prevalecer ante os acontecimentos que possam afetá-la. O que necessário se torna é liquidar a quota do falecido, para satisfazer os direitos dos herdeiros; só a quota e não a sociedade. Por isso, o artigo 1.027 limita as exigências de herdeiros, como se vê:

*Os herdeiros do cônjuge de sócio, ou o cônjuge do que se separou judicialmente, não podem exigir desde logo a parte que lhes couber na quota social, mas concorrer à divisão periódica dos lucros, até que se liquide a sociedade.*

O falecimento de um sócio não perturba a *affectio societatis*, uma vez que seus herdeiros e sucessores, como a esposa, herdam os direitos patrimoniais, mas não os pessoais. Destarte, a meeira da quota poderá ser recusada como sócia pelos demais sócios, se não gozar da mesma confiança que seu marido despertava nos demais. Cabe-lhe, entretanto, o direito de apurar o valor de sua meação, podendo transferi-la aos demais sócios. Poderá transferi-la para um terceiro, se ele for aceito pelos outros sócios.

# 9. DA RESOLUÇÃO DA SOCIEDADE EM RELAÇÃO A UM SÓCIO

9.1. Consequências da morte de sócio
9.2. A retirada de sócio
9.3. A exclusão de sócio
9.4. Avaliação do valor econômico da quota
9.5. Responsabilidade dos ex-sócios

## 9.1. Consequências da morte de sócio

No caso de morte de sócio, sua quota será liquidada, salvo:
I. Se o contrato dispuser diferentemente.
II. Se os sócios remanescentes optarem pela dissolução da sociedade.
III. Se, por acordo com os herdeiros, regular-se a substituição do sócio falecido.

Resolveu-se um drama que há muito afligia o Direito Societário: a morte de um sócio. Abrem-se agora várias soluções. O problema não seria angustiante se o contrato social apontasse a solução. Ficou, então, prevalecendo a autonomia da vontade: o contrato social é a vontade dos sócios e a situação será resolvida de acordo com o disposto no contrato.

Se o contrato da sociedade for omisso a este respeito, a sociedade não se dissolve com a morte de um sócio, mas apenas a quota pertencente ao "*de cujus*". Dissolve-se a sociedade se todos os sócios assim decidirem, mas não por imposição legal. Poderá haver outra saída para evitar a liquidação do sócio falecido: todos os sócios entendem-se com os herdeiros, escolhendo um substituto do finado.

Predomina, no caso de morte de sócio, o princípio da continuidade da empresa, tendo em vista os benefícios sociais que ela proporciona à coletividade, e, como organismo útil, deve ser preservada.

Não se dissolve a sociedade, mas a quota do sócio falecido, mesmo assim, não é obrigatória a dissolução da quota, abrindo a lei várias oportunidades para que ela não ocorra. A lei privilegia a vontade dos sócios que se manifesta no contrato social; ele tem amplos poderes para decidir a este respeito. Urge, então, que os sócios deliberem amplamente na formação do contrato social. Para as sociedades anteriores ao Código Civil, é conveniente reformar o contrato já registrado, aproveitando as propostas de solução que o Código apresenta. Mais precisamente, os sócios devem redigir cuidadosamente uma cláusula, definindo como ficará a sociedade quando falecer um dos sócios, ou até se falecerem todos os sócios, o que não está fora de cogitação.

A dissolução da sociedade é possível, mas desde que seja desejo dos sócios remanescentes. É possível que o sócio falecido fosse a pedra angular sobre a qual giravam as atividades empresariais da sociedade; sem ele a sociedade perde muito de sua força; os sócios supérstites não se sentem seguros em dirigir as operações sociais. Decidem então dissolver a sociedade, indo cada um para o seu lado. Liquidam-se os bens sociais, divide-se o dinheiro apurado e cancela-se o registro no Cartório de Registro Civil de Pessoas Jurídicas. Não se deve perder de vista que a Sociedade Simples é normalmente uma sociedade de pessoas, em que a pessoa do sócio tem papel preponderante sobre ela. Assim sendo, é natural que a morte do sócio a abale profundamente, a ponto de tornar-se conveniente o seu fim.

Outra solução será o acordo a ser feito entre os sócios e os herdeiros do sócio falecido a respeito da quota e da sucessão. Poderia, por exemplo, ser escolhido um substituto do falecido por um dos herdeiros, elaborando-se um aditivo ao contrato social e registrando-o. Poderá também a quota ser dissolvida, pagando-se aos herdeiros seu valor. É bom ressaltar que as disposições legais sobre esse assunto, expressas no artigo 1.028 do

Código Civil, consubstancia uma norma dispositiva, ou seja, a lei dá às pessoas privadas amplos poderes para resolver a questão se elas nada decidirem, optarão destarte para a solução legal, apontada nesse artigo.

Todavia, o poder de decisão por parte dos sócios e dos herdeiros do falecido encontram algumas limitações legais, tornando o problema mais complexo do que parece. A quota do sócio falecido é um bem componente do seu espólio e, portanto, está inserido no Direito das Sucessões. Além do mais, estará sujeita a possíveis divergências entre seus herdeiros. A quota pertencerá então ao espólio, que será representado pelo inventariante. O espólio adquire os direitos patrimoniais da quota, mas não os direitos pessoais, motivo pelo qual ele não se torna sócio, o que iria complicar barbaramente a vida da sociedade.

Surge agora uma possível questão: a sociedade tem dois sócios e ambos morrem simultaneamente num desastre, ficando a sociedade sem sócios. O Código Civil, no artigo 1.028, previu a resolução da sociedade em relação a um sócio mas não a todos. Raramente os contratos de constituição de sociedade trazem essa hipótese e os que se formarão doravante precisam evitar essa omissão. Ante o que foi exposto, ressaltamos a necessidade do maior cuidado na redação das cláusulas contratuais, prevendo soluções para os potenciais problemas que surgirão na vida da sociedade. Na ausência dessa previsão, somos de parecer que devem ser invocadas as normas do artigo 1.028, embora este fale na *morte de sócio*, mas julgamos aplicáveis à *morte dos sócios*.

## 9.2. A retirada de sócio

Além dos casos previstos na lei ou no contrato, qualquer sócio pode retirar-se da sociedade; se de prazo indeterminado, mediante notificação aos demais sócios, com antecedência mínima de dois meses; se de prazo determinado, provando judicialmente justa causa. Nos trinta dias subsequentes à modificação podem os demais sócios optar pela dissolução da sociedade. Estabeleceram-se diversos trâmites, conforme seja a sociedade constituída a tempo indeterminado ou a prazo. Discordamos da redação do artigo 1.032, que estabeleceu essa disposição quanto a um pormenor: prazo é sempre um tempo determinado, não se podendo falar em prazo indeterminado, mas tempo indeterminado. Tempo determinado corresponde a prazo.

Por um preceito constitucional e um princípio da filosofia popular, ninguém pode ser obrigado a entrar numa entidade de utilidade pública e, se estiver nela, não será obrigado a ficar. Certa vez o presidente de uma assembleia disse a todos: os incomodados se retirem e os acomodados permaneçam. É o consagrado direito de ir e vir; ninguém está obrigado a fazer ou não fazer alguma coisa senão em virtude da lei. Por isso, ninguém é obrigado a fazer parte de uma sociedade, a não ser que deseja ficar nela. Após fazer parte dela, não será obrigado a permanecer.

Se for seu desejo sair, o sócio tem duas opções. Em primeiro lugar pela venda de sua quota, ou seja, pela alienação de sua participação societária. A venda da quota é um contrato de compra e venda, bilateral, assim considerado entre duas pessoas: o sócio-vendedor e o comprador postulante a sócio. A sociedade não participa da negociação: é objeto dela e não parte. É possível que o comprador seja um sócio, que assim amplia sua participação societária. A sociedade não ganha nem perde, por não ser parte no negócio. A dificuldade que a lei oferece a essa saída é que ela fica condicionada à entrada de novo sócio, o que implicará a concordância dos demais sócios.

O segundo modo para a saída voluntária do sócio é o exercício da faculdade, conferida pela lei, de retirar-se. É o seu direito de recesso (*recessus*, de *recedere* = voltar atrás, sair), também chamado direito de retirada. Não é um contrato, mas declaração unilateral de vontade, o exercício de um direito. Alguns juristas, entretanto, consideram a saída como resilição parcial do contrato, ou seja, a alteração do contrato social, por instrumento a ser assinado por todos os sócios, inclusive o que está saindo. Vejamos, porém, como se processa a retirada.

## *Por tempo determinado*

Se a sociedade é constituída para se dissolver num dia determinado, ou seja, a prazo, já está marcada a data da saída do sócio e resta a ele esperar por esse dia que ele próprio escolheu. Se tiver, porém, justa causa para a retirada, poderá invocá-la em juízo, cabendo-lhe o ônus da prova. Esta possibilidade é mais difícil de acontecer, uma vez que é bem rara a existência de sociedade por tempo determinado. Ocorre, às vezes, na construção e venda de um edifício de apartamentos; completado o planejamento no tempo determinado, a sociedade cumpriu seu papel e não tem mais razão para continuar. Além disso, normalmente o prazo deve ser relativamente curto e se for solucionado por processo judicial, o tempo de duração da sociedade é geralmente mais breve do que o deslinde do processo.

O sócio que abandonar suas funções nessas circunstâncias causará sérios traumas administrativos. Impõe-se, então, causa justa para que ele possa ter essa faculdade. A situação da sociedade, neste caso, é mais delicada, pois a empresa tem atividade programada para determinado tempo, prevendo os recursos materiais e humanos necessários, como, por exemplo, se houver quebra de compromissos contratuais por parte dos demais sócios. As medidas preconizadas pela lei, todavia, criam condições desfavoráveis para ambas as partes: para a empresa ter que tolerar a presença de um sócio dissidente; para o sócio ter que permanecer vinculado a uma empresa que não lhe agrada. Enquanto não houver decisão judicial, permanece a situação instável e constrangedora.

## *Por tempo indeterminado*

Para a sociedade sem prazo, a resolução parcial é mais simplificada, por não estar comprimida no tempo. Por isso, não há necessidade de justa causa para a retirada do sócio, bastando-lhe notificar os demais sócios com a antecedência mínima de 60 (sessenta) dias. A lei não exige notificação judicial, podendo, então, ser notificação não formal, porém, eficaz. A notificação imotivada poderá, portanto, ser feita de qualquer modo, quer judicial, quer extrajudicial, mas de forma tal que permita aos demais sócios ficarem comprovadamente sabendo da vontade do sócio de não mais manter o vínculo com a sociedade.

É justificável o disposto no parágrafo único do artigo 1.028, prevendo que no prazo de trinta dias após o recebimento da notificação, os demais sócios possam pedir a dissolução total da sociedade. E podem ocorrer vários casos em que a dissolução se torne conveniente. É possível que o recesso seja pedido pelo sócio majoritário, assim considerado o que detiver a quota de maior valor. Sua saída, com o reembolso de sua quota, pode descapitalizar a sociedade. A dissolução pode ser feita por consenso entre os sócios remanescentes, evitando a dissolução judicial.

### 9.3. A exclusão de sócio

Pode o sócio ser excluído judicialmente da sociedade, mediante a iniciativa da maioria dos demais sócios, por falta grave no cumprimento de suas obrigações ou, ainda, por incapacidade superveniente. Será de pleno direito, excluído o sócio declarado falido, ou aquele cuja quota tenha sido liquidada devida à execução de suas dívidas particulares. Os sócios poderão, por iniciativa própria, eliminar algum sócio que considerarem nocivo aos interesses sociais. Pode o sócio tornar-se inconveniente em vista de comportamento lesivo à empresa ou, então, se houver posteriormente alguma incompatibilidade, como se ele for declarado interdito. Em casos assim, a exclusão ocorre mediante ação judicial.

Quanto à situação do sócio que tiver sua falência decretada, o motivo é a consequência legal. A falência determina a arrecadação dos bens do falido, para formar a massa falida. O sócio falido perde a titularidade de sua quota e, portanto, deixará de ser sócio. O mesmo ocorre se a quota da sociedade for penhorada em razão de execução do credor do sócio; não é que ele perde os direitos de propriedade da quota, mas perde sua disponibilidade. Convém ainda esclarecer que o sócio falido não é o sócio de alguma empresa falida; ele era empresário individual inscrito no Registro de Empresas, com o próprio nome. Não se considera falido o sócio de uma sociedade que tenha tido sua falência decretada, pois quem faliu foi a sociedade e não os seus sócios.

A exclusão se faz de forma independente da vontade do sócio, mas por vontade dos demais sócios. Tínhamos examinado no item anterior os casos de afastamento de sócio por sua livre iniciativa. Estamos agora examinando o afastamento do sócio à sua revelia ou sem sua iniciativa, mas pela iniciativa dos demais sócios, que poderão agir por sua vontade, ou amparo da lei, ou então premidos pela lei, como acontece com o sócio que tiver sua falência decretada. Vamos, então, examinar essas hipóteses, que são seis, tendo três tipos de motivação: legal, judicial e convencional, de acordo com o quadro abaixo:

| Legal | Falência do sócio |
|---|---|
|  | Liquidação da quota |
| Judicial | Falta grave no cumprimento de suas obrigações |
|  | Incapacidade superveniente |
| Convencional | Deslealdade |
|  | Remissão |

## *Legal*

Falência

O afastamento do sócio declarado falido é imposto pela lei e os demais sócios devem acatá-la, providenciando a alteração contratual no registro da sociedade. Afora a prescrição legal, há razões de ordem ética para esse afastamento; nenhum banco ou fornecedor iria confiar numa empresa em que haja sócio falido; sua assinatura num contrato poderia ser contestada; os lucros obtidos na sociedade deverão ser arrecadados pela Justiça.

Quando se fala em falência de sócio quer-se referir ao *empresário individual*, isto é, uma pessoa física, que se registra na Junta Comercial para exercer atividade empresarial em nome próprio. Este empresário individual pode ser sócio de outras empresas, ainda que esteja operando com sua firma, vale dizer, em seu nome. Se uma dessas empresas tiver sua falência decretada, sua *firma individual* não sofre alteração. Não foi ele quem faliu, mas uma empresa da qual ele era sócio. São personalidades jurídicas diferentes.

Entretanto, pode ser decretada a falência de sua empresa individual, de sua firma. A situação neste caso é bem diferente: todos os seus bens são arrecadados, para formar a massa falida, inclusive a quota da sociedade. Quem representará essa quota perante a sociedade é o síndico da falência. O empresário falido perde assim a titularidade da quota; ele não pode exercer os direitos que ela confere. Assim sendo, ele estará suspenso de suas funções.

Liquidação da quota

Já examinamos o direito de um credor executar bens particulares do sócio de uma empresa. Sendo a quota um bem, o credor poderá requerer a liquidação dessa quota, apurando-se os lucros e vendendo a quota e frutos dela a outro sócio, depositando os valores apurados na conta judicial do credor. O sócio fica, destarte, sem a sua quota, deixando, portanto, de ser sócio.

## *Judicial*

Falta grave no cumprimento de suas obrigações

Esta é a segunda forma de exclusão judicial de sócio, além da liquidação da quota. Surge da iniciativa dos sócios, quando um deles revela comportamento prejudicial aos interesses da sociedade. Não estabelece a lei os parâmetros para a revelação desse comportamento inconveniente, mas se sabe de antemão que afeta a *affectio societatis*, fazendo com que o sócio faltoso perca a confiança dos demais. As obrigações dos sócios constam dos arts. 1.001 a 1.009 do Código Civil. Pode haver cláusulas no contrato social, proibindo a sociedade de exercer outras atividades empresariais, mormente se for concorrência com ela própria. Poderá o sócio ter divulgado segredos industriais, ou seja, assunto que a sociedade considera como confidencial, o que poderá ser considerado falta grave para os demais sócios. Ele poderá ter usado bens da empresa, como veículos, em atividades particulares ou favorável a outra empresa. Poderá ter dado aval em nome da sociedade, a favor de outra empresa.

Os sócios têm a faculdade de requerer judicialmente a exclusão do sócio faltoso, mas não podem excluí-lo por conta própria. Eles têm a iniciativa para propor a demanda, mas a exclusão se dará pela sentença do juiz. É por isso chamada de exclusão judicial.

Segundo o art. 1.030, a exclusão se dá por iniciativa da maioria dos demais sócios, subentendendo-se que representam mais de 50% do valor do capital. Há, porém, um aspecto: suponhamos que haja sociedade com quatro sócios com sua quota no capital: Paulo tem 60% do capital, Modestino, Gaio e Ulpiano 10% cada um. Os três últimos acham que Paulo cometeu falta grave e querem excluí-lo; mas Paulo tem 60% dos votos e terá maioria na votação. Os três sócios minoritários não têm possibilidade de obter mais de 50% dos votos. Como ficará a situação?

No nosso modo de ver, não há possibilidade de exclusão de Paulo. Cabe aos demais o poder de iniciativa judicial, propondo a dissolução da sociedade; tecnicamente não há outra solução. Pode ser que Paulo tenha praticado falta grave em detrimento da sociedade, mas ele é sócio majoritário e, portanto, o mais prejudicado. Fica a interpretação a cargo do juiz, que poderá invocar o princípio da continuidade da empresa. Paulo está procedendo de forma temerária, agindo contra os interesses da empresa e rompendo o cordão umbilical que deve unir os sócios: a *affectio societatis*. Urge que esta situação seja contornada, com o afastamento do sócio faltoso, ainda que majoritário. É a fórmula de salvação da empresa. Ficará, então, arredada a disposição do artigo 1.030: *mediante iniciativa dos demais sócios,* apelando-se para os princípios gerais do direito. É contudo bem inseguro o sucesso dessa hipótese.

Em nosso parecer, a falta grave no cumprimento de suas obrigações deve ser provada em juízo, devendo contar com sua aceitação pelo juiz. Como o processo é dirigido contra o sócio faltoso, ele deverá ser citado e poderá defender-se. O rito normal da ação deverá ser o ordinário, o que significa que será moroso. Enquanto isso, permanecerá o ambiente constrangedor, de conviverem numa mesma sociedade pessoas sem a *affectio societatis*. Outrossim, o ônus da prova cabe a quem alega e compete aos sócios provarem a falta grave cometida pelo sócio acusado.

Incapacidade superveniente
É outro caso de exclusão judicial por iniciativa da maioria dos demais sócios, mas, da mesma forma que o caso anterior, cabe aos sócios o direito à iniciativa e não à exclusão, que ser concretizada por decisão do juiz. Ao falar em incapacidade superveniente a lei quer dizer que, ao constituir a sociedade, o sócio era capaz, pois se fosse provada sua incapacidade, o contrato poderia ser anulado e os sócios poderiam ser responsabilizados. A incapacidade pode ser absoluta ou relativa, tal como consta dos artigos 4º e 5º do Código Civil, e deve ser provada com sentença judicial de interdição.

Justifica-se essa faculdade, reservada aos demais sócios para eliminar o sócio declarado incapaz. Não pode ele exercer atos da vida civil, principalmente o exercício de atividades empresariais. Além de se tornar inútil à sociedade, poderá comprometê-la por praticar atos cuja nocividade ele desconhece. Trata-se, porém, de exclusão judicial e dependerá de processo na Justiça, em que o interdito poderá defender-se, representado por seu representante legal.

## *Convencional*

Deslealdade
A exclusão por deslealdade não está prevista no capítulo referente à Sociedade Simples, mas no art. 1.085, regulamentando a Sociedade Limitada. Essa disposição, contudo, aplica-se à Sociedade Simples, da mesma forma como as normas da Sociedade Simples se aplicam à Sociedade Limitada. Quando a maioria dos sócios, representativa de mais da metade do capital social, entender que um ou mais sócios estão pondo em risco a continuidade da empresa, em virtude de atos de inegável gravidade, poderá excluí-lo da sociedade, mediante alteração do contrato social, desde que prevista nele a exclusão por justa causa.

Há uma característica importante nesse tipo de exclusão: ele deverá estar previsto no contrato social, no que difere das demais formas de exclusão. Como esse sistema foi introduzido pelo novo Código Civil, acreditamos que o contrato social das sociedades constituídas anteriormente não deve trazer essa cláusula. Urge, portanto, que ela seja inserida em todos os contratos antigos. Quanto aos novos contratos, deve ser incluída a cláusula permissiva de demissão extrajudicial do sócio desleal, por justa causa. Não havendo essa cláusula, a exclusão do sócio deverá ser judicial.

Esse esquema só deve atingir o sócio minoritário, pois o quórum necessário para essa exclusão é de mais de 50% do capital social. Se o sócio for majoritário, dificilmente poderá ser excluído, embora seja possível. Assim, Ulpiano tem 40% do capital, havendo mais seis sócios, cada um com 10%. Malgrado seja majoritário, Ulpiano poderá ser excluído, pois os demais representam 60% do capital.

O comportamento do sócio desleal, que possa constituir justa causa para exclusão, não está descrito na lei, devendo ser examinado cada caso *in concretu*, vale dizer, ser analisado cada caso concreto, com suas características. Entretanto, o Código estabelece um parâmetro mais elevado: *se o sócio puser em risco a continuidade da empresa, em virtude de atos de inegável gravidade*. Baseia-se também essa disposição legal no princípio da continuidade da empresa; a prática de qualquer comportamento por um sócio ou alguns sócios, que possa abalar a estabilidade da empresa, pode constituir a justa causa para a exclusão deles.

A exclusão somente poderá ser determinada em reunião ou assembleia especialmente convocada para esse fim, ciente o acusado em tempo hábil para permitir seu comparecimento e o exercício do direito de defesa. Há, desta forma, o freio ao poder discricionário da maioria dos sócios, ao agir contra um minoritário. Se assim não fosse, os minoritários estariam à mercê do bel talante dos majoritários. As prevenções contra o possível abuso contra a parte mais fraca consta principalmente de cinco medidas:

- a presença no contrato social de cláusula permissiva da exclusão por deslealdade;
- a existência comprovada de justa causa para a exclusão;

- a decisão da maioria do capital social deve ser tomada em reunião dos sócios;
- deve ser assegurada a presença e a defesa por parte do sócio acusado;
- o sócio excluído tem o direito ao reembolso da parte que lhe cabe.

Decidida a exclusão, os sócios deverão elaborar o instrumento de alteração contratual, averbando-o no Cartório de Registro Civil de Pessoas Jurídicas.

Remissão

O primeiro dever do sócio deverá ser o de contribuir financeiramente para a formação do capital da sociedade, pelo menos com uma quota pelo mínimo valor. Embora faculte a lei que a contribuição do sócio possa ser feita em bens ou serviços transformáveis em dinheiro, só em casos excepcionais essa prática se exerce. É o cumprimento de um compromisso assumido pelo sócio à sociedade, chamado subscrição. No momento da constituição da sociedade, o sócio tem um capital subscrito. Quando paga, fica com o capital integralizado. Se ele deixar de cumprir sua obrigação, isto é, deixar de integralizar o capital, será um sócio remisso, vale dizer, um inadimplente, um negligente (*remittere* = negligenciar). A integralização é, pois, o cumprimento da obrigação assumida pela subscrição.

O sócio remisso estará sujeito a várias sanções, inclusive exclusão do quadro social. A remissão ocorre quando o sócio subscreve o capital, mas não paga a contribuição a que se obrigou. A sociedade poderá tomar contra ele várias medidas: os demais sócios, por sua maioria poderão executá-lo, exigindo a contribuição social, ou poderá cancelar sua quota. Poderá ainda excluir o sócio remisso da sociedade, transferindo sua quota para outrem. Não haverá necessidade de processo judicial, sendo por isso decisão convencional, ou seja, tomada por convenção entre os sócios.

## 9.4. Avaliação do valor econômico da quota

Nos casos em que a sociedade se resolver em relação a um sócio, o valor de sua quota, considerado pelo montante efetivamente realizado, será liquidada, salvo disposição contratual em contrário, com base na situação patrimonial da sociedade, à data da resolução, verificada em balanço especialmente levantado para esse fim. Nesse caso, o capital social sofrerá a correspondente redução, salvo se os demais sócios suprirem o valor da quota. A quota liquidada será paga em dinheiro, no prazo de três meses, a partir da liquidação, salvo acordo ou estipulação contratual em contrário.

A questão retrocitada, importante e delicada, fica resolvida pela nova disposição do CC. A possibilidade de liquidação da quota evita a liquidação da sociedade, razão por que essa inovação é das mais louváveis da instituição do novo Código Civil de nosso país. Seja porque o sócio faliu, seja porque faleceu, foi declarado interdito, discordou dos demais sócios e quis retirar-se, ou outro sério motivo deve sair da sociedade, nem por isso deve ela sofrer abalo. As soluções para o problema são agora amplamente expostas e a própria forma de apuração da quota tem algumas normas estabelecidas pela regulamentação que o CC dá à sociedade.

Para liquidar-se uma quota não se pode tomar por base seu valor nominal, mas a situação econômica da sociedade. Se a sociedade teve pesado prejuízo no exercício ou se tiver prejuízos acumulados, a quota deve ser depurada. Se não, quando uma sociedade estiver patrimonialmente abalada, qualquer sócio procuraria retirar-se. Em contrapartida, se o sócio tiver lucros suspensos ou um patrimônio ativo valorizado, o valor nominal da quota seria bem menor do que o valor econômico. Haveria uma distorção da realidade econômica da sociedade, criando-se uma situação artificial.

Para se avaliar o valor econômico da quota, haverá necessidade de se levantar o balanço patrimonial da sociedade, por ocasião da liquidação. Apurado o valor econômico da quota, será realizado o pagamento a quem de direito, no prazo de três meses, em dinheiro.

A retirada da quota do capital provocará um vazio, cuja solução caberá aos demais sócios restantes. Poderão diminuir o capital deles, abatendo do sócio excluído o valor da quota liquidada ou adquirirão essa quota, mantendo o capital inalterado.

Em resumo, podemos dizer que a liquidação da quota do sócio excluído, por qualquer motivo, obedece aos seguintes fatores:
- A. o valor da quota deverá ser apurado em balanço levantado para esse fim, na data da resolução, isto é, da liquidação;
- B. deve ser considerado o montante efetivamente realizado e com base na situação patrimonial da sociedade, naquele momento;
- C. o capital da sociedade sofrerá a correspondente diminuição, a menos que os sócios supram o valor dela;
- E. serão respeitadas as disposições existentes no contrato social a este respeito.

Apesar de as disposições legais estabelecerem os critérios de liquidação da quota do sócio remisso, excluído, ou de recesso, a autonomia da vontade é respeitada como princípio. Desta forma, o contrato social, interpretando a vontade dos sócios, estabelece alguns critérios próprios para a liquidação. Igualmente, por decisão dos sócios envolvidos, poderá haver acordo para facilitar a tarefa da própria sociedade. Por exemplo, o reembolso da quota deve ser em dinheiro; é o que diz a lei. Todavia, o sócio retirante pode concordar em receber uma nota promissória, referente ao valor apurado da quota; poderia também receber esse valor em mercadorias e outros bens.

## 9.5. Responsabilidade dos ex-sócios

A retirada, exclusão ou morte do sócio não o exime, ou a seus herdeiros, da responsabilidade pelas obrigações sociais anteriores, até dois anos depois de averbada a resolução da sociedade; nem nos dois primeiros casos, pelas posteriores e em igual prazo enquanto não se requerer a averbação. Aperta-se assim o cerco para se evitar fraudes com a entrada e saída de sócios. O sócio que se retira não poderia ficar isento de responsabilidade pelas obrigações da Sociedade Simples, pois os ratos sempre abandonam o navio quando ele estiver prestes a afundar-se. Oferecem-se, então, duas situações diferentes:

### *Retirada ou exclusão de sócio*

O sócio retirante ou excluído continua responsável pelas obrigações da sociedade, assumidas por ela antes da retirada ou exclusão, durante o período de dois anos, a partir da averbação no Cartório de Registro Civil de Pessoas Jurídicas. Fica o sócio liberado após esse período. Entretanto, a averbação deve ser promovida com urgência, uma vez que, enquanto não for averbada, a obrigação assumida pela sociedade nesse período vincula esse sócio.

### *Morte do sócio*

O patrimônio do sócio entra no espólio, incluindo-se a quota, que é um bem componente do patrimônio do *de cujus*. Neste caso, o espólio fica responsável pelas obrigações da sociedade, pelo mesmo período.

Assentam-se essas disposições em vários princípios, mormente o Princípio da Segurança Jurídica. Visa a dar segurança jurídica aos componentes da coletividade que mantêm relações jurídicas com a sociedade, garantindo-a contra possíveis fraudes proporcionadas pelo sócio desonesto, que se retira dela para deixar a descoberto seus credores. Por outro lado, procura resguardar o sócio honesto que se retira da sociedade, estabelecendo um limite de tempo para suas responsabilidades, evitando a eternização de suas obrigações.

Nota-se que o Princípio da Segurança Jurídica às vezes é arranhado, principalmente nos créditos tributários e trabalhistas. Alegou muitas vezes a Justiça do Trabalho que a legislação trabalhista é especial e ela não estabelece limite temporal dos sócios pela responsabilidade das dívidas de sua empresa. As regras da Sociedade Simples aplicam-se só para ela, e normalmente a demandada nos feitos trabalhistas é sociedade empresária, e não se poderia fazer distinção entre elas.

Entendem outros tribunais trabalhistas que a responsabilidade do sócio retirante abrange aqueles dois anos de carência da responsabilidade. Assim, um sócio retira-se em 31.01.2011, data da averbação, de sua saída, no Cartório. Terminaria sua responsabilidade em 31.01.2013. Entretanto, as dívidas da sociedade nesses dois anos, ou seja, de 31.01.2011 a 21.01.2013, ficam sob sua responsabilidade. Por exemplo, um débito de 15.01.2013 foi feito no período da responsabilidade e, portanto, se transmite a ele. Além do mais, a sociedade foi condenada a pagar o débito trabalhista em 15.01.2013, mas o direito adquirido pelo empregado se deu muito antes dela, inclusive no tempo em que o sócio estava na empresa.

A opinião unânime dos hermeneutas ouvidos é a de que não se deve arredar as normas do Código Civil no julgamento das questões trabalhistas. O Direito Civil é o núcleo do direito, é lei superior às demais leis e os outros ramos são derivativos e modalidades. O Código Civil é lei superior que paira sobre todas as outras. Se assim não fosse não haveria direito, mas direitos, compartimentos estanques, sem unidade e muitas vezes conflitantes. Portanto, vigora o disposto no art. 1.031 do Código Civil no que tange à responsabilidade do sócio retirante da sociedade, que se aplica nos vários campos do direito, conforme se vê no art. 1.032:

> *A retirada, exclusão ou morte do sócio, não o exime, ou a seus herdeiros, da responsabilidade pelas obrigações sociais anteriores, até 2 (dois) anos após averbada a resolução da sociedade; nem nos dois primeiros casos, pelas posteriores e em igual prazo, enquanto não se requerer a averbação.*

Esse artigo é bastante claro quando diz responsabilidade **pelas obrigações sociais anteriores**; portanto, só as dívidas existentes no momento em que é feita a averbação, no Cartório, da saída do sócio. As obrigações posteriores à sua saída não se inserem na responsabilidade. Não há dúvida, também, que o ponto inicial para a contagem dos dois anos é a averbação da saída.

A responsabilidade dos sócios não é solidária. Primeiro devem ser excutidos os bens da sociedade; se ela não os tiver ou eles forem insuficientes, poderão ser excutidos os bens particulares do sócio retirante, e, repetimos, no período de dois anos após a averbação de sua retirada. Passado esse prazo, cessa a responsabilidade, isto em termos de dissolução e liquidação da sociedade.

Todavia, se houver dissolução parcial da sociedade, com a retirada do sócio que vende a sua quota, ou seja, que a cede para outro, que se torna sócio, a situação é bem diferente. O cedente responde solidariamente com o cessionário pelas obrigações existentes na cessão da quota, no mesmo período de dois anos. Os critérios são os mesmos, mas a responsabilidade é solidária. Evita-se assim a entrada de *laranjas* na empresa. É o que está expresso no art. 1.003.

Quanto aos débitos tributários da sociedade, tem havido excessivo rigor do Poder Público, incluindo em processos a responsabilidade de ex-sócios, mas há jurisprudência sugestiva excluindo-a. O sócio que se retira do quadro social, antes da constituição do débito tributário, não responde pelo seu pagamento. Se o débito tributário foi lançado quando o sócio ainda estava na sociedade, aplica-se a regra do art. 1.032, ou seja, permanece a responsabilidade no período de dois anos depois da saída.

# 10. EXTINÇÃO DA SOCIEDADE: DISSOLUÇÃO E LIQUIDAÇÃO

- 10.1. Causas e fases da dissolução
- 10.2. Expiração de prazo
- 10.3. Consenso dos sócios
- 10.4. Deliberação dos sócios, por maioria absoluta, na sociedade por tempo indeterminado
- 10.5. Falta de pluralidade de sócios, não reconstituída no prazo de seis meses
- 10.6. Ausência de autorização oficial
- 10.7. Dissolução judicial
- 10.8. Previsão contratual
- 10.9. Nomeação do liquidante
- 10.10. A liquidação da Sociedade Simples
- 10.11. A partilha

## 10.1. Causas e fases da dissolução

Tudo o que é terreno é efêmero; diz a Igreja que só Deus é eterno. Tudo tem um fim e as causas desse fim: as causas subjacentes e as causas aparentes. Como tudo que é terreno, a Sociedade Simples terá seu fim, como todas as outras sociedades, com suas causas aparentes na lei. As causas subjacentes podem ser encontradas no princípio de que tudo passa. Além disso, uma empresa tem seu ciclo; ela nasce, evolui, declina e morre. Tem o alvo em mira e luta para atingir essa meta e muitas vezes a ultrapassa; ao ultrapassá-la, os germes de sua destruição começam a corroê-la.

Inúmeros são os exemplos de grandes organizações que ultrapassaram suas metas, mas não conseguiram livrar-se das consequências do sucesso. Vamos citar o acontecido com a Varig. Nasceu obscuramente no Sul do Brasil e foi crescendo para até engolir as empresas concorrentes e tornar-se a única no país e iniciando sua projeção no exterior do Brasil. O sucesso e a grandeza foram corroendo suas entranhas de várias maneiras, até reduzi-la à insolvência, com enormes prejuízos ao Poder Público, à coletividade e mormente aos próprios empregados. Idêntico fenômeno ocorreu com as Indústrias Matarazzo, pioneira da industrialização do Brasil, transformando-se no maior conglomerado industrial, com projeção internacional, terminando melancolicamente. Outros exemplos foram dados pelos maiores magazines do Brasil, a Mesbla e o Mappin, transformando-se em "araras" (empresas preparadas para quebrar).

Constituir uma sociedade é tarefa relativamente fácil, mas extingui-la é bastante difícil. Naturalmente, ela assume muitas obrigações e se constitui num centro de interesse; sua desagregação provoca conflitos vários e nem sempre de solução fácil e rápida. Há também na sua dissolução o interesse público, como o recolhimento de impostos, a perda de um contribuinte, a filiação da sociedade a diversos órgãos públicos, dos quais necessitará desvencilhar-se antes de dissolver-se. Não se admira, pois, que as leis imponham exigências na dissolução de complicado centro de interesses.

As causas aparentes do fim da Sociedade Simples estão expressas no art. 1.033 e seguintes do Código Civil, estabelecendo bases que se aplicarão também a outras sociedades. Em linhas gerais, os acontecimentos determinantes são os seguintes:

Dissolve-se a sociedade quando ocorrer:
1. o vencimento do prazo de duração, salvo se vencido e sem oposição de sócio, não entrar a sociedade em liquidação, caso em que se prorrogará por tempo indeterminado;
2. o consenso unânime dos sócios;
3. a deliberação dos sócios, por maioria absoluta, na sociedade por prazo indeterminado;
4. a falta de pluralidade de sócios, não reconstituída no prazo de seis meses;
5. a extinção, na forma da lei, de autorização para funcionar.

A extinção da sociedade opera-se em duas fases: a dissolução e a liquidação. A dissolução suspende as atividades empresariais, mas os administradores continuam em suas funções, ultimando os preparativos para a sua liquidação, completando as negociações pendentes e outros problemas, como impostos a recolher, um processo em andamento, um cheque emitido, uma dívida a pagar. Após serem resolvidos todos esses problemas, entra-se em fase de liquidação.

A sociedade pode dissolver-se a qualquer momento, se for por tempo indeterminado, por decisão unânime dos sócios. A sociedade é deles; eles a abriram por vontade própria e por isso podem fechá-la. Há, porém, várias causas para a dissolução.

A extinção significa o fim definitivo da sociedade, a sua eliminação do universo empresarial; ela deixou de existir, sem qualquer possibilidade de retorno. Se os sócios quiserem revivê-la, terão de constituir nova sociedade. Princípio elevado nos ensina que a empresa deve continuar, tendo em vista a influência louvável que ela exerce no ambiente físico-social em que ela está inserida. Nesse sentido, deve orientar-se a Justiça, privilegiando a permanência dela no quadro societário. Casos há, porém, em que sua extinção se impõe em benefício de todos, inclusive dos próprios sócios, que investirão seus recursos e seus esforços em empreendimentos mais rentáveis.

A extinção processa-se de forma suave, em escalas. O primeiro passo é a dissolução, que é a suspensão das atividades empresariais. A sociedade vai preparando o terreno para sua extinção. Nesse período, ela não perde a personalidade jurídica. Ela tem patrimônio, representantes legais e permanece sua capacidade de agir em Juízo. O art. 51 do Código Civil, que prevê a dissolução das pessoas jurídicas em geral, revela-nos o sentido da lei:

> *Nos casos de dissolução da pessoa jurídica ou cassada a autorização para seu funcionamento, ela subsistirá para os fins de liquidação, até que esta se conclua.*

A liquidação vem a seguir, preparada pela dissolução. Os sócios não são mais os administradores da sociedade. Tem sentido marcantemente patrimonial; procura-se apurar o patrimônio da empresa: seu ativo e seu passivo. O ativo deve ser realizado, vale dizer, transformado em dinheiro; se a sociedade tiver créditos, será promovida a cobrança deles. Por outro lado, resgata-se o passivo, pagando todos os compromissos perante os credores, de forma que à sociedade nada fique devendo. Ao final da liquidação, levanta-se o balanço para se saber o saldo: se sobrou dinheiro ou se faltou; chega-se ao líquido (por isso se chama liquidação). Será feita, então, a partilha, ou seja, a divisão dos haveres líquidos entre os sócios. Com a partilha, o balanço da sociedade fica zerado.

## 10.2. Expiração de prazo

Esta causa só se aplica à sociedade que se constituir com prazo de duração, o que é bem raro nas sociedades e acreditamos seja também raro na Sociedade Simples, que acaba de ser criada. A sociedade pode se constituir para funcionar por tempo determinado ou indeterminado, e constando no contrato social que ela deverá se dissolver num determinado dia, ocorrerá legalmente sua dissolução *pleno jure*. Não haverá necessidade de distrato, pois já ficara pactuado em cláusula contratual que a sociedade não mais existiria a partir de um certo dia. Foi a vontade dos sócios que se efetivou.

Se os sócios chegarem à conclusão de que a sociedade deveria continuar após seu prazo de duração, poderiam alterar a cláusula contratual, transformando-a em sociedade com tempo indeterminado. Esse aditivo deverá ser estabelecido por instrumento escrito e registrado no Cartório de Registro Civil de Pessoas Jurídicas (lembre-se que a Sociedade Simples não é registrada na Junta Comercial), antes do vencimento do prazo, porquanto vencido o prazo nenhum ato poderá ser praticado pela sociedade. Poderão todavia os sócios, antes de liquidado o patrimônio da sociedade, constituírem uma outra, que absorverá o patrimônio da antiga.

## 10.3. Consenso dos sócios

Esta é uma das formas convencionais de dissolução e extinção da empresa, por ocorrer em vista de uma convenção dos sócios, estabelecida de forma unânime de todos. Usamos frequentemente o termo empresa como sinônimo de sociedade, uma vez que olhando sobre o aspecto mais jurídico há diferença entre os dois termos. A constituição da sociedade simples se dá por consenso mútuo de todos os sócios, que manifestam sua vontade no contrato. Da mesma forma como é constituída, poderá ser dissolvida, ou seja, pela vontade dos sócios. Deverão eles elaborar o distrato, por instrumento de alteração contratual, extinguindo a sociedade. Assim se faz com a sociedade por tempo indeterminado. Seria feito também com a sociedade por tempo determinado, desde que os sócios decidissem dissolvê-la antes do prazo marcado no contrato.

Elaborado o distrato, requererão os sócios sua averbação no cartório e consequente cancelamento da matrícula. Haverá, porém, necessidade de se juntarem certidões negativas, para comprovar a inexistência de débitos à seguridade social, ao fisco e quaisquer outros órgãos. Se for o caso de premência, será conveniente comunicar ao cartório a suspensão das atividades. Após dois anos de atividades suspensas, poderá ser requerido o cancelamento do registro.

## 10.4. Deliberação dos sócios, por maioria absoluta, na sociedade por tempo indeterminado

No item anterior foi examinada a extinção pelo consenso unânime dos sócios. Agora, por maioria absoluta, na sociedade por tempo indeterminado. Esse modo de extinção já é mais complicado, porquanto haverá necessidade de votação em assembleia de sócios, elaborando-se ata de reunião. Ocorre quando houver algum sócio que não deseje a dissolução ou extinção. Deverá haver o respeito aos direitos do sócio minoritário, ou sócios minoritários, que poderão exercer direito de veto, embora esse veto não impeça a dissolução.

## 10.5. Falta de pluralidade de sócios, não reconstituída no prazo de seis meses

*Non datur societas de individuo* = Não há sociedade individual. Ninguém pode ser sócio de si próprio, pois na sociedade um é sócio de outro, o que pressupõe a presença de no mínimo dois. Aliás, sem duas pessoas no mínimo não poderia haver nem mesmo o direito: *Ubi societas ubi jus* = Onde houver sociedade, haverá o direito. Por exemplo, numa sociedade de dois sócios em que morre um; o sócio supérstite deve dissolver a sociedade ou providenciar a inclusão de outro sócio, no prazo de seis meses, senão deixou de existir a sociedade.

A situação irá se complicar se houver ausência de todos os sócios. Por exemplo, ambos os sócios morrem simultaneamente num acidente. É bem difícil remediar essa situação, mas, levando em conta o princípio de preservação da sociedade, será possível contornar o impasse. Digamos que a ausência de sócios tenha atingido uma sociedade: abre-se o inventário de ambos, e o filho mais velho deles torna-se inventariante. Cada espólio escolhe o inventariante para representá-lo e requerem ao juiz a indicação do inventariante para suceder na quota do falecido. Os dois filhos já trabalhavam na empresa e dão continuidade às atividades. Enquanto isso, poderão aplicar várias formas de solução. Consideremos que sejam filhos únicos e herdeiros universais da quota. Assumirão temporariamente a quota e, quando terminar o inventário, cada um será o titular absoluto dela.

### 10.6. Ausência de autorização oficial

Ocorre quando a sociedade dedica-se à atividade que exige autorização do Poder Público para funcionar, como é o caso de um banco, de uma empresa de aviação, de um jornal, uma companhia seguradora, uma companhia exportadora (*trading company*). Precisam elas de autorização especial do Governo para o exercício de suas atividades e desde que seja cancelada essa autorização, não pode ela continuar existindo, a não ser que mude seu ramo de atividade ou corrija a causa do cancelamento.

Ocorrendo a dissolução na hipótese de cancelamento da autorização para funcionar, o Ministério Público, tão logo lhe comunique a autoridade competente, promoverá a liquidação judicial da sociedade, se os administradores não o tiverem feito nos trinta dias seguintes à perda da autorização, ou se o sócio não houver exercido a faculdade de requerer a dissolução.

Caso o Ministério Público não promova a liquidação judicial da sociedade, nos quinze dias subsequentes ao recebimento da comunicação, a autoridade competente para conceder a autorização nomeará um interventor, com poderes para requerer a medida e administrar a sociedade até que seja nomeado o liquidante. No caso de uma sociedade cujo objeto social exija autorização governamental, como empresa de seguros, cancelada a autorização deve a empresa imediatamente suspender as atividades e iniciar a dissolução, no prazo de trinta dias. Caso contrário, qualquer sócio poderá requerer a dissolução ou o Ministério Público. Se a lei não for cumprida, o órgão oficial competente (como seria o Banco Central no caso de um banco) intervirá na sociedade, afastando os administradores e nomeando interventor para sua direção.

Citemos o exemplo da companhia comercial exportadora, a *trading company*, regulamentada pelo Decreto-lei 1.248/72, cujo funcionamento depende de várias autorizações do Poder Público, como da Secretaria da Receita Federal e do DECEX (Departamento do Comércio Exterior do Banco do Brasil). Estamos citando essa empresa só como exemplo, por não ser Sociedade Simples, mas Sociedade Empresária. Se ela perde a autorização desses órgãos estará obrigada a encerrar suas atividades. Mais grave será a situação de um banco, cujo funcionamento depende de carta-patente emitida pelo Banco Central; se essa carta-patente for cassada, o banco não pode receber depósitos, conceder empréstimos ou exercer qualquer outra atividade, o que o invialibiliza. Além disso, diz a própria lei que o banco deve ser liquidado pelo Banco Central, quando a carta-patente for cassada. A liquidação de bancos está regulamentada pela Lei da Reforma Bancária.

## 10.7. Dissolução judicial

Examinamos até agora a dissolução operada por iniciativa dos sócios, sem intervenção judicial, chamada de *pleno jure*, mas existe outra forma de dissolução, que é a judicial. Qualquer sócio poderá requerer judicialmente a dissolução da sociedade, mas baseado em motivos previstos em lei, ou seja, com fundamento legal. Essas normas, previstas no art. 1.034 do Código Civil, referem-se à Sociedade Simples, mas se aplicam subsidiariamente aos demais tipos societários. Opera-se a dissolução judicial com a sentença do juiz, decorrente de um processo judicial que a objetive. Há três hipóteses previstas no Código Civil, mas não se trata de *numerus clausus*, visto que a qualquer cidadão é facultado dirigir-se ao Judiciário, alegando ter sido prejudicado no seu direito individual:

1. Se for anulada sua constituição, como, por exemplo, se o Cartório descobrir a existência de vício insanável em seu ato constitutivo e cancelar o registro. Assim, a sociedade é constituída mas teve sua constituição anulada pela Justiça ou por outra razão qualquer sem lhe restar condições legais de funcionamento, quando ela já estava em pleno funcionamento. Caso os sócios não tomem as medidas necessárias à sua dissolução, poderá qualquer dos sócios requerer judicialmente a dissolução dessa sociedade.
2. Se seu objeto for exaurido: é a hipótese de uma empresa destinada a realizar um loteamento especificado. Vendidos todos os seus lotes e cumpridas as obrigações entre ela e seus clientes, não lhes resta mais nada a fazer, por não ter mais objeto social. Exauriu-se o fim social.
3. Se seu objeto for considerado inexequível: por exemplo, se uma concessionária de serviços públicos perder a concessão ou, então, a empresa constituída para fabricar um produto que perdeu sua utilidade ou cuja fabricação tenha sido proibida. É também o caso de uma sociedade que explorava serviços de loteria e essa atividade foi declarada ilícita; será essa sociedade obrigada a dissolver-se, pois seu objeto social tornou-se ilícito.

## 10.8. Previsão contratual

O contrato pode prever outras causas de dissolução a serem verificados judicialmente quando contestadas. É possível que o contrato social contenha alguma cláusula determinando a dissolução da sociedade em caso de evento superveniente. Ocorrendo o evento, deve a sociedade dissolver-se e, se assim não fizer, qualquer sócio poderá requerer judicialmente a dissolução. Digamos que uma empresa constitui-se para prestar serviços específicos, representando empresa estrangeira. O contrato poderá conter cláusula estabelecendo sua dissolução se a empresa estrangeira representada falir, ou se esta cancelar a representação.

O contrato social reflete a vontade dos sócios e, pelo princípio da autonomia da vontade, eles são soberanos para estabelecer o que quiserem sobre a sociedade, desde que as decisões não contravenham a lei, a ordem pública e os bons costumes, conforme consta de diversas definições legais.

## 10.9. Nomeação do liquidante

Ocorrida a dissolução, cumpre aos administradores providenciar imediatamente a investidura do liquidante, e restringir a gestão própria aos negócios inadiáveis, vedadas novas operações, pelas quais responderão solidária e ilimitadamente. Dissolvida de pleno direito a sociedade, pode o sócio requerer, desde logo, a liquidação judicial. Já houve referência de que a extinção da sociedade opera-se em duas fases: a dissolução e a liquidação.

Passada a fase da dissolução, entra a sociedade em fase de liquidação, e uma das medidas a serem tomadas é a indicação do liquidante pelos sócios, que poderá ser um dos administradores da sociedade ou mesmo um terceiro. Entrando em liquidação, qualquer sócio poderá requerer a liquidação judicial.

Se a sociedade praticar qualquer ato de gestão empresarial, os responsáveis responderão pessoalmente por este ato, de forma solidária e ilimitada.

Se não estiver designado no contrato social, o liquidante será eleito por deliberação dos sócios, podendo a escolha recair em pessoa estranha à sociedade. O liquidante poderá ser destituído a qualquer tempo, se houver uma dessas causas:
   1. Se tiver sido eleito pelos sócios, mediante deliberação deles;
   2. Se houver justa causa, por via judicial, a requerimento de algum sócio.

Mais alguns traços do perfil do liquidante são apontados. É possível que haja no contrato social cláusula indicando o liquidante, caso ela venha a se liquidar. É, porém, difícil, pois quando uma sociedade se constitui, ela não irá cogitar a liquidação. Se necessário, os próprios sócios decidirão por eleição quem será o liquidante, normalmente um dos administradores, pois ele já está à testa da empresa. Poderá, porém, ser um sócio quotista e mesmo um estranho, como um administrador de empresas, um economista, um contador.

A nomeação do liquidante é o primeiro passo a ser dado. Os dirigentes da sociedade em liquidação assumem funções específicas de acionar a extinção. Cessa o mandato dos administradores e os sócios escolherão quem será o liquidante, que poderá ser um dos sócios ou um dos administradores. O liquidante, que não for administrador da sociedade, será investido nas funções, averbada a sua nomeação no registro próprio, isto é, no Cartório de Registro Civil de Pessoas Jurídicas, pois é uma Sociedade Simples. Se fosse Sociedade Empresária seria na Junta Comercial. O Código fala apenas em *liquidante*, o que nos leva a crer que seja um só. Embora o liquidante assuma as funções do administrador, há várias diferenças entre os dois.

São bem variados os deveres do liquidante.
   1. Em primeiro lugar, deve averbar e publicar a ata, sentença ou instrumento de dissolução da sociedade, no registro

dela. Essa providência protege a sociedade, como, por exemplo, imunizando-a ante um potencial pedido de falência.
2. Deve arrecadar os bens, livros e documentos da sociedade, onde quer que estejam, formando a massa de bens, uma *universitas juris*, vale dizer, um conjunto de bens formado por determinação da lei. Esse conjunto de bens tem alguma semelhança com a massa falida, destinado a ser transformado em dinheiro, para o pagamento dos credores e, o que restar, distribuído aos sócios.
3. Procederá, nos quinze dias seguintes ao da sua investidura e com a assistência, sempre que possível, dos administradores, à elaboração do inventário e do balanço geral do ativo e do passivo. E precisa fazer o levantamento de toda a situação patrimonial da empresa; os créditos e os débitos, a avaliação dos bens componentes do ativo, para que possa ser processada a liquidação.
4. Ultimará os negócios da sociedade; realizará o ativo, ou seja, transformará os bens do ativo em dinheiro; com esse dinheiro pagará os débitos e o que sobrar será dividido entre os sócios.
5. Se o dinheiro arrecadado com a realização do ativo não for suficiente para o pagamento das dívidas, o litigante deverá exigir dos sócios as quantias necessárias, nos limites da responsabilidade de cada um e proporcionalmente à respectiva participação nas perdas, repartindo-se, entre os sócios solventes e na mesma proporção, o devido pelo insolvente. A sociedade não pode ser liquidada com dívidas sem solução; não sobrando dinheiro para pagá-las, o liquidante pedirá suprimento de verbas aos sócios, na proporção de suas quotas.
6. O liquidante convocará assembleia dos sócios, cada seis meses, para apresentar relatório e balanço do estado de liquidação, prestando contas dos atos praticados durante o semestre, ou sempre que necessário. O liquidante é um

mandatário dos sócios e, por isso, deve prestar contas a eles, quando for solicitado. Essa prestação de contas deve ser mais solene, cada semestre, em assembleia.
7. Ele está capacitado a passar procuração a advogado para requerer autofalência da sociedade ou pedir recuperação judicial, de acordo com as formalidades prescritas para o tipo de sociedade liquidanda. Todavia, não há essa possibilidade quando se tratar da Sociedade Simples, por ser ela imune ao Direito Falimentar. Não pode ela ter pedido de falência contra si, e, por outro lado, não pode pedir recuperação judicial.
8. Ao findar-se a liquidação, o liquidante deverá apresentar aos sócios o relatório da liquidação e as suas contas finais.
9. Cabe ao liquidante averbar no registro da sociedade a ata da reunião ou da assembleia, ou o instrumento firmado pelos sócios, que considerar encerrada a liquidação. Averbação é um registro feito em outro registro. No órgão competente, a sociedade faz o seu registro, a sua inscrição, vale dizer, registra-se; depois, cada modificação que ela experimenta, como mudança de sócios ou aumento de capital, deve ser registrada no registro da sociedade. Deve ser registrada também a ata de encerramento da liquidação, para que o órgão de registro cancele a inscrição da sociedade.

Em todos os atos, documentos ou publicações, o liquidante empregará o nome da sociedade sempre seguido da cláusula "em liquidação" e de sua assinatura individual, com a declaração da sua qualidade. Exemplo: **Tintas Idencolor Ltda. (em liquidação)**.

Compete ao liquidante representar a sociedade e praticar todos os atos necessários à sua liquidação, inclusive alienar bens móveis e imóveis, transigir, receber e dar quitação. É ele o representante legal da sociedade e responde por ela, já que sócios não mais administram a sociedade. Suas faculdades e prerrogativas não são, porém, ilimitadas. Sem estar expressamente autorizado pelo contrato social, ou pelo voto da maioria dos sócios, não pode o liquidante gravar de ônus reais os móveis e imóveis, contrair empréstimos, salvo quando indispensáveis ao pagamento de obrigações inadiáveis nem prosseguir, embora para facilitar a liquidação, com a atividade social.

As obrigações e a responsabilidade do liquidante regem-se pelos preceitos peculiares às dos administradores da sociedade liquidanda. Deverá ele observar a exigível probidade no desempenho de suas funções. Responsabiliza-se pelos danos que causar à massa liquidanda, seja por negligência no desempenho de suas funções, por dolo ou abuso dos poderes que lhe tenham sido outorgados. Poderá ser destituído de suas funções, responder por perdas e danos e seus atos poderão ser anulados.

Não havendo mais ativo a ser realizado, nem passivo a ser liquidado, deve ter sobrado dinheiro. Se faltasse para pagar o passivo, o liquidante pediria aos sócios. Prepara-se, então, o liquidante para a partilha do que sobrou. Os sócios podem resolver, por maioria de votos, antes de ultimada a liquidação, mas depois de pagos os credores, que o liquidante faça rateios por antecipação da partilha, na medida em que se apurem os haveres sociais.

## 10.10. A liquidação da Sociedade Simples

Conforme já falamos diversas vezes, extingue-se a sociedade observando duas fases primordiais: a dissolução e a liquidação. A dissolução é prevista no capítulo do Código Civil referente a cada tipo de sociedade, o que não acontece com a liquidação, regulamentada de forma genérica, ou seja, para todos os modelos societários, nos artigos 1.102 a 1.112.

Na dissolução, a sociedade deve continuar somente para se ultimarem as negociações pendentes, precedendo-se à liquidação. Assim sendo, mesmo que os sócios já tenham dissolvido a sociedade, ela pode ter ainda questões pendentes, como um empregado que a esteja demandando na Justiça do Trabalho, um imposto a recolher, uma execução contra algum devedor e outras questões cuja solução escapa das imediatas providências dos sócios. Essas pendências devem ser resolvidas já na fase de liquidação, de acordo com o que dispuser o Código Civil, ressalvado o disposto no contrato social ou no instrumento de dissolução, se houver.

No caso de liquidação judicial, será observado o disposto na lei processual, mais precisamente o antigo CPC (Decreto-lei 1.608/39). Essa antiga lei processual trazia um capítulo denominado *Da Dissolução e da Liquidação de Sociedades*, com os artigos 655 a 674. Esse capítulo e mais alguns não foram revogados pelo atual CPC, de 1973.

Qualquer interessado poderá requerer a dissolução e liquidação da Sociedade Simples. Se o juiz declarar ou decretar a dissolução, na mesma sentença nomeará liquidante a pessoa a quem pelo contrato, pelo estatuto, ou pela lei, competir tal função. Se a lei, o contrato ou o estatuto nada dispuserem a este respeito, o liquidante será escolhido pelos interessados por meio de votos entregues em cartório. Se não houver solução pelos interessados, o juiz nomeará o liquidante dativo, que exercerá suas funções mais ou menos nos termos do liquidante privado.

No curso da liquidação judicial, o juiz convocará, se necessário, reunião ou assembleia para deliberar sobre os interesses da liquidação, e as presidirá, resolvendo sumariamente as questões suscitadas. As atas da assembleia serão, em cópia autêntica, apensadas ao processo judicial.

## 10.11. A partilha

É possível, todavia, que haja *superavit* na liquidação. Neste caso, deve o balanço ser submetido ao exame dos sócios, para deliberarem sobre o destino a ser dado ao dinheiro que sobrar, fazendo-se a partilha, nos moldes da partilha da herança. Pago o passivo e partilhado o remanescente, o liquidante convocará assembleia dos sócios para a prestação final de contas. Aprovadas as contas, encerra-se a liquidação, e a sociedade se extingue, ao ser averbada no registro próprio a ata da assembleia. O dissidente tem o prazo de trinta dias, a contar da publicação da ata, devidamente averbada, para promover a ação que couber.

Encerrada a liquidação, o credor não satisfeito só terá direito a exigir dos sócios, individualmente, o pagamento de seu crédito, até o limite da soma por eles recebida em partilha, e a propor contra o liquidante ação de perdas e danos.

Aplicam-se as normas do Direito das Sucessões para solucionar os problemas da partilha da massa liquidanda, no caso de haver menores ou interditos. A partilha será feita com os responsáveis, tutor ou curador, cujos atos serão válidos e irrevogáveis, a fim de não perturbar a extinção da sociedade. Caso se comprovem fraudes em prejuízo dos menores ou interditos, eles poderão exercer ação reparatória.

# 11. DA SOCIEDADE DEDICADA À COMUNICAÇÃO DE MASSA

11.1. Os serviços de comunicação
11.2. Restrições a estrangeiros
11.3. Registro da sociedade de comunicação de massa
11.4. Agência de propaganda
11.5. Agência de notícias
11.6. Agência de comunicação

## 11.1. Os serviços de comunicação

Conforme vimos no capítulo 2 deste compêndio, as atividades de comunicação ficam a cargo da Sociedade Simples, por serem de natureza civil. A lei regulamentadora do ISS relaciona como sujeitos a esse imposto os serviços de:
1. Propaganda e publicidade, inclusive promoção de vendas, planejamento de campanhas ou sistemas de publicidade, elaboração de desenhos, textos e demais materiais publicitários;
2. Serviços de reportagem, assessoria de imprensa, jornalismo e relações públicas;
3. Serviços de programação de comunicação visual, desenho industrial e congêneres;
4. Serviços de chaveiros, confecção de carimbos, placas, sinalização visual, *banners*, adesivos e congêneres;
5. Planejamento, organização e administração de feiras, exposições, congressos e congêneres.

Por outro lado, a Lei dos Registros Públicos (Lei 6.015/73) traz o capítulo III com o nome **Do Registro de Jornais, Oficinas Impressoras, Empresas de Radiodifusão e Agências de Notícias**, com os artigos 122 a 126, dizendo que devem ser registrados no Cartório de Registro Civil de Pessoas Jurídicas as sociedades que exercem essas atividades de comunicação de massa, relacionando-as:

- Jornais e demais publicações periódicas, como revistas, boletins.
- Oficinas impressoras de qualquer natureza, pertencentes a pessoas naturais ou jurídicas.
- Empresas de radiodifusão que mantenham serviços de notícias, reportagens, comentários, debates e entrevistas.
- Empresas que tenham por objeto o agenciamento de notícias.

Essas sociedades prestam serviços de natureza intelectual, ao que tudo indica. Consideremos uma sociedade editora de jornais: alguns podem considerar o jornal como fruto da indústria gráfica, cujo produto é o jornal, que é vendido ao mercado consumidor. O jornal seria, então, uma mercadoria e, portanto, a empresa que o produz é uma indústria e deve ser registrada no Registro de Empresas.

A lei, todavia, não interpreta essa questão dessa forma. O jornal é um meio e não um fim; é um meio de divulgação de notícias; destarte, o produto do jornal é o noticiário e não ele próprio. A sociedade editora do jornal presta serviços de informações a seus assinantes e compradores. Por isso é registrado no Cartório de Registro Civil de Pessoas Jurídicas. Assim diz a Lei dos Registros Públicos; a Lei de Imprensa (Lei 5.250/67) repete a mesma exigência nos artigos 8º e 9º.

Falamos a respeito de um jornal, mas como seria a situação de uma empresa de radiodifusão? Poderia ser considerada mercadoria o noticiário de uma estação de rádio? Nesse caso, fica mais evidenciado que a estação de radiodifusão sonora é uma prestadora de serviços. Se assim não fosse considerada, a empresa editora do jornal seria uma gráfica e não sociedade de comunicação de massa.

Uma revista de variedades assemelha-se a um jornal, mas sua natureza é um pouco diferente. A natureza de sua comunicação é mais na área de lazer, de entretenimento, que são áreas próprias da Sociedade Simples.

Grande parte, entretanto, das empresas de comunicação de massa são de porte elevado, e se revestem à forma jurídica de sociedade anônima; é o caso dos jornais e estações de rádio dos grandes centros; sendo sociedade anônima, serão considerados empresas mercantis e, portanto, submetidas a registro na Junta Comercial. Há, todavia, pelo interior do Brasil, jornais e estações de rádio de pequeno porte, revestidos da forma de Sociedade Simples. É facultada a essas empresas a opção de ser sociedade simples ou sociedade empresária, podendo revestir-se de qualquer forma societária, como, por exemplo, sociedade limitada. Contudo, ou é uma coisa ou outra: sociedade simples não pode inscrever-se na Junta Comercial, da mesma forma que a sociedade empresária não pode inscrever-se no Cartório de Registro Civil de Pessoas Jurídicas. Se uma empresa estiver revestida da forma de sociedade anônima, forçosamente seu órgão de registro será a Junta Comercial; se uma sociedade registrar-se no Cartório de Registro Civil de Pessoas Jurídicas será obrigatoriamente sociedade simples.

## 11.2. Restrições a estrangeiros

O Poder Público brasileiro tem avaliação bem delicada e importante das atividades de comunicação, tanto que muitas normas cuidam com segurança deste assunto, até mesmo a própria Constituição. Aliás, é de se acreditar que essa atividade será considerada civil e não mercantil, porque as leis mercantis resguardam muito as atividades empresariais. A contabilidade da Sociedade Empresária, por exemplo, tem confidencialidade protegida pela lei, a ponto de não poder a Justiça ter acesso a ela, a não ser em certos casos previstos em lei; é o caso, por exemplo, da fiscalização referente ao recolhimento de impostos, em que os fiscais inspecionaram só essa questão, mas sem atingir toda a contabilidade da empresa.

Este assunto está previsto no art. 222 da Constituição Federal e corroborado por outras normas, como a Lei 10.610/2002. Diz o art. 222 que a propriedade de empresa jornalística e de radiodifusão sonora de sons e imagens é privativa de brasileiros natos ou naturalizados há mais de dez anos. O capital pode também pertencer a pessoas jurídicas constituídas sob as leis brasileiras e que tenham sede no País, mas submetidas às mesmas restrições.

As normas constitucionais foram complementadas pela Lei 10.610/2002, que dispõe sobre esse assunto. Em 2002 ficou permitida a participação do capital estrangeiro nas sociedades da área de comunicação de massa, mas mantendo restrições a essa participação. Assim, não mais de 30% do capital total e do capital votante de sociedade, que explore atividades de comunicação descritas na lei, podem pertencer a estrangeiros. Não podem subscrever pessoalmente o capital, mas indiretamente, isto é, por intermédio de pessoa jurídica constituída sob as leis brasileiras e que tenha sede no País. E há outro zelo restritivo: empresas efetivamente controladas por esta, mediante encadeamento de outras empresas ou qualquer outro meio indireto, ficarão restritas a esses 30%. Evita-se assim a camuflagem de empresas, como seria uma empresa estrangeira que constitui no Brasil outra empresa com alguns brasileiros, que constitui outra e assim por diante, mas no final há um embuste, com empresa aparentemente brasileira.

Em qualquer caso, pelo menos 70% do capital total e do capital votante das empresas jornalísticas e das empresas de radiodifusão sonora e de imagens deverão pertencer, direta ou indiretamente, a brasileiros natos ou naturalizados há mais de dez anos.

É facultado ao órgão do Poder Executivo expressamente definido pelo Presidente da República, requisitar à sociedade jornalística ou de radiodifusão sonora, bem como ao Cartório de Registro Civil de Pessoas Jurídicas, as informações e os documentos necessários para a verificação do cumprimento das normas legais sobre essas restrições. As informações sobre as alterações societárias de empresas jornalísticas e de radiodifusão sonora e de sons e imagens serão comunicadas ao Congresso nacional pelo órgão competente do Poder Executivo. Essas alterações serão da responsabilidade da empresa.

Anualmente, as sociedades de comunicação deverão apresentar ao Cartório de Registro Civil de Pessoas Jurídicas declaração a respeito de seu capital, incluindo a nomeação de brasileiros natos ou naturalizados há mais de dez anos, que sejam titulares, direta ou indiretamente, de pelo menos 70% do capital total e do capital votante. O Cartório não poderá registrar o ato de alteração contratual se ficar constatado o domínio do capital por estrangeiros, ou brasileiros naturalizados há menos de dez anos. Se isso ocorrer, o ato será nulo, sujeitando-se os responsáveis à responsabilidade e às sanções previstas em lei.

Serão nulos de pleno direito acordos entre sócios, qualquer ato, contrato ou outra forma de avença que, direta ou indiretamente, confira ou objetive conferir a estrangeiros ou brasileiros naturalizados há menos de dez anos a participação no capital votante de sociedades de comunicação, em percentual acima de 30%. Igualmente, os atos que tenham por objeto o estabelecimento de direito ou de fato, de igualdade ou superioridade de poderes desses sócios em relação aos sócios brasileiros. Ou, ainda, confira ou objetive conferir aos sócios não brasileiros a responsabilidade editorial, a seleção e direção de programação veiculada e a gestão das atividades das sociedades de comunicação de massa. Pelo menos o redator-chefe será brasileiro. É possível, em caráter excepcional e com autorização expressa do órgão competente do Poder Executivo, a admissão de especialistas estrangeiros, mediante contrato. Os administradores ou gerentes que detenham poder de gestão e de representação civil e judicial devem ser brasileiros natos ou naturalizados há mais de dez anos nas sociedades de radiodifusão sonora.

As modificações do contrato social mais importantes, como alteração dos objetivos sociais, a modificação no quadro diretivo, alteração do controle societário, transferência da concessão, da permissão ou da autorização, dependem, para sua validade, de prévia anuência do órgão competente do Poder Executivo. As modificações contratuais mais simples do que as medidas acima citadas devem ser comunicadas ao Poder Executivo no prazo de 60 dias a contar da realização do ato.

Uma mesma pessoa não poderá participar da administração ou da gerência de mais de uma concessionária, permissionária ou autorizada do mesmo tipo de serviço de radiodifusão na mesma localidade.

## 11.3. Registro da sociedade de comunicação de massa

O registro dessas sociedades tem algumas especiais particularidades, além dos requisitos comuns. O órgão costumeiro de registro é o Cartório de Registro Civil de Pessoas Jurídicas, mas elas podem optar pelo registro na Junta Comercial, ou, se for grande empresa, poderá revestir-se da forma de sociedade anônima, e, se assim o fizer, forçosamente será empresa mercantil (sociedade empresária, segundo o Código Civil) e o registro será na Junta Comercial. É conveniente relevar que a Sociedade Simples goza de vantagens sobre a Sociedade Empresária, principalmente de ordem fiscal. A regulamentação desse registro consta da Lei dos Registros Públicos (Lei 6.015/73), nos arts. 121 a 126. Essa própria lei enquadra como sociedade de comunicação de massa os seguintes tipos de empresas:

- editoras de jornais ou outras publicações periódicas;
- oficinas impressoras dos órgãos de comunicação de massa;
- empresas de radiodifusão sonora (estações de rádio);
- empresas noticiosas (ou agência de notícias).

Podemos adicionar ainda as **agências de publicidade** e as empresas de **assessoria de imprensa**, embora regidas por outras normas.

O pedido de matrícula no Registro Civil deverá conter informações e será instruída com documentos de acordo com o tipo de empresa:

### Para jornais e publicações periódicas

A. título do jornal ou periódico, sede da redação, administração e oficinas impressoras, esclarecendo, quanto a estas, os respectivos proprietários.

B. Nome, idade e residência e prova de nacionalidade do diretor ou redator-chefe.

C. Nome, idade, residência e prova da nacionalidade do proprietário (lembremo-nos de que há restrições a estrangeiros).

D. Se for de propriedade de pessoas jurídicas, exemplar do contrato social e nome, idade, residência e prova de nacionalidade dos diretores, gerentes e sócio da pessoa jurídica proprietária.

*Para o caso de oficinas impressoras*

A. Nome, nacionalidade, idade e residência do gerente e do proprietário, se pessoa natural.
B. Sede da administração, lugar, rua e número onde funcionam as oficinas e denominação destas.
C. Exemplar do contrato social.

Nota-se que, neste caso, não se exige prova da nacionalidade dos administradores. Esse tipo de sociedade não produz nem veicula notícias, prestando só serviços de arte gráfica, sob a responsabilidade do jornal, revista ou outras publicações periódicas. Nenhuma inconveniência há para que pertença a estrangeiros.

Ainda a respeito do registro dessas sociedades, exige o art. 121 da Lei dos Registros Públicos, que sejam apresentados dois exemplares do jornal oficial, em que houver sido publicado o contrato social, e de um exemplar deste, quando a publicação não for integral. Por aqueles se fará o registro mediante petição, com firma reconhecida, do representante legal da sociedade, lançando o oficial, nos dois exemplares, a competente certidão de registro, com o respectivo número de ordem, livro e folha, um dos quais será entregue ao representante e o outro arquivado em cartório, rubricando o oficial as folhas em que estiver impresso o contrato social.

*Para as empresas de radiodifusão*

A. Designação da emissora, sede de sua administração e local das instalações do estúdio.
B. Nome, idade, residência e prova da nacionalidade do diretor ou redator-chefe responsável pelos serviços de notícias, reportagens, comentários, debates e entrevistas.
C. Exemplar do contrato social.

É importante ressaltar que na área de comunicação de massa não há Sociedade em Comum (ou Sociedade de Fato), também chamada de Sociedade não Personificada, conforme é prevista nos artigos 986 a 990 do Código Civil. Ela só pode operar depois de matriculada no seu órgão competente de registro. Se ela operar nesse estado será considerado clandestino o jornal ou outra publicação periódica ou em cuja matrícula não constem os nomes e as qualificações do diretor ou redator. A falta de matrícula das declarações exigidas pela lei, ou da averbação da declaração, será punida com multa que teria o valor de meio a dois salários mínimos da região.

A sentença que impuser a multa fixará prazo, não inferior a vinte dias, para matrícula ou alteração das declarações. A multa será aplicada pela autoridade judiciária em representação feita pelo oficial e cobrada por processo executivo, mediante ação do órgão competente. Se a matrícula ou alteração não foi efetivada no prazo de vinte dias, o juiz poderá impor nova multa, agravando-a de 50% toda vez que seja ultrapassado de dez dias o prazo assinado na sentença.

## 11.4. Agência de propaganda

Esse tipo de empresa é tipicamente civil; é própria da Sociedade Simples. Seus serviços especializados estão no campo das atividades artísticas, de caráter criativo. Esses serviços promovem a combinação harmoniosa dos conhecimentos científicos com os artísticos, tendo em vista dar à mensagem publicitária o máximo de rendimento e impacto.

Considera-se propaganda qualquer forma de difusão de ideias, mercadorias, produtos ou serviços, por parte de um anunciante identificado. Essa atividade é exercida pelas agências de propaganda, nos veículos de divulgação ou em qualquer empresa nas quais se produz a propaganda.

A agência de propaganda é pessoa jurídica, de natureza civil, revestindo-se então da forma societária de Sociedade Simples. Especializa-se nos métodos, na arte e na técnica publicitários, que, por meio de profissionais a seu serviço, estuda, concebe, executa e distribui propaganda aos veículos de divulgação, por ordem e conta de clientes anunciantes, com o objetivo de promover a venda de mercadorias, produtos e serviços, difundir ideias ou informar o público a respeito de organizações ou instituições a que servem.

A profissão de publicitário, criada pela Lei 4.680/65, compreende as atividades daquele que, em caráter regular e permanente, exerce funções artísticas e técnicas por meio das quais concebe-se, executa-se e distribui a propaganda. O seu papel é o de executar a publicidade, avaliar, selecionar e programar veículos de divulgação necessários à disseminação de mensagens de natureza comercial, por ordem e conta de seus anunciantes.

Sua função é a mesma da agência de propaganda, mas o publicitário é profissional individual, enquanto a agência forma uma sociedade, com estrutura montada, contando com os serviços de vários profissionais. São profissionais especializados em áreas artísticas e técnicas, como desenhistas projetistas, fotógrafos, redatores, revisores, técnicos de som, músicos, compositores, locutores, ilustradores, e outros. Eles não são jornalistas, mas profissionais de sua categoria, como é o caso de um fotógrafo; esse profissional tem seu sindicato próprio e uma profissão definida. O jornalista serve-se, entretanto, dos serviços desses técnicos e artistas, para o exercício de sua profissão.

Denomina-se conta a transação entre a agência de propaganda e seus clientes e o responsável por essa transação é chamado de contato.

## 11.5. Agência de notícias

Também chamada *empresa noticiosa*, ela tem por objeto o agenciamento de notícias, passando-as aos órgãos de divulgação, como jornais, revistas, rádio e TV. Embora sua ação seja discreta, pouco aparecendo ao público, são importantes e ativas, realizando reportagens e angariando notícias e investigando os acontecimentos. Nos diversos canais de TV, por exemplo, nota-se que o noticiário é igual ou quase igual em todos os canais; é porque a mesma agência apanha notícias e as fornece a vários canais. As agências de notícias não transmitem diretamente ao público as informações, passando-as aos veículos de comunicação de massa, como jornais, revistas, estações de rádio e TV. Atualmente, a Internet se inclui como veículo de divulgação.

A restrição a estrangeiros na participação societária da *agência de notícias* vigora como nas demais, uma vez que as divulgadoras de notícias são tão responsáveis quanto às produtoras. Há várias e importantes agências noticiosas internacionais, que enviam noticiário do mundo todo para o Brasil. Geralmente, esse noticiário vem por intermédio de agências nacionais, que representam as internacionais. Elas surgiram na Europa, por iniciativa dos jornais, movidos pelo princípio da produtividade, organização e economia. Em vez de cada jornal manter um departamento encarregado de angariar notícias, fazer reportagens e acompanhar os acontecimentos, criaram um órgão unificado que passasse informações para eles. Assim surgiu, em 1835, a Agência Harvas, em Paris. Em 1849, a DPA na Alemanha, e, em 1851, REUTERS em Londres. A Harvas chama-se hoje FRANCE PRESSE. Essas três agências internacionais são as mais conceituadas e existem até hoje. De forma semelhante, em 1901, os jornais norte-americanos criaram a UNITED PRESS.

### 11.6. Agência de comunicação

Trata-se agora de uma sociedade de serviços vários, dos quais consideramos como o principal a assessoria de imprensa. Faz a intermediação entre uma pessoa natural ou jurídica e os veículos de comunicação, denominados respectivamente *assessorada* e *assessora*. Esta última estabelece um relacionamento entre o assessorado e a imprensa. A assessorada é geralmente uma empresa, um órgão público, sindicato, partido político, clube, ONG, associação, corporação (como a OAB). Como pessoa física é geralmente um profissional, como advogado, médico, artista, político e outros mais.

As funções da assessoria de imprensa são variadas: prepara o material informativo da assessorada e o encaminha aos veículos de comunicação. Esse material é chamado de Comunicados de Imprensa ou *press-release*, ou simplesmente *releases*, destinados a esclarecer os veículos de comunicação sobre as notícias de interesse da assessorada, mantendo boa imagem dela junto à opinião pública. Orienta a empresa assessorada na escolha do órgão de divulgação encarregado de veicular notícias. É o elo de ligação entre o anúncio e o veículo do anúncio.

Há várias diferenças entre a assessoria de imprensa e a propaganda; a propaganda faz uso de anúncios, ou seja, mensagem em espaços pagos nos veículos de comunicação; exalta a marca ou produto da empresa perante o público. A mensagem da propaganda é também chamada de comercial, por despertar o interesse imediato na compra de um produto. A assessoria de imprensa não se utiliza desse tipo de comunicação. A assessoria de imprensa ocupa espaço vago e gratuito para induzir os veículos de comunicação a publicar notícias mais benfazejas para a empresa assessorada; as mensagens que provoca tem mais caráter noticioso do que as do comercial. Há, destarte, diferença entre um comercial e um *release*. O comercial não é uma notícia, mas um anúncio pago, realçando as boas qualidades de um produto, chamando a atenção do público sobre esse produto, despertando seu interesse em comprá-lo. O *release* procura fazer o produto virar notícia. Podemos citar como exemplo um frasco de suco da fruta açaí, colocado à venda nas prateleiras: a propaganda consta de anúncio realçando as qualidades desse produto para despertar na coletividade o desejo de comprá-lo. A assessoria de imprensa exerce trabalho sobre os órgãos da imprensa, para divulgar o valor nutritivo do açaí. Pode-se assim dizer que a assessoria de imprensa seja um trabalho de relações públicas (*public relations*). A propaganda é o estímulo direto à venda; a assessoria de imprensa é estímulo indireto, de natureza mais institucional, com a valorização da empresa e da área econômica em que ela atua.

A sociedade de assessoria de imprensa não está regulamentada pela Lei de Imprensa e outras leis, uma vez que seu surgimento é recente. A prestação desses serviços realçou-se a partir de 1990, por influência internacional. Não houve tempo para regulamentação jurídica. Não há analogia suficiente para enquadrar a assessoria de imprensa como agência de notícias. Também não há motivo para proibir o domínio estrangeiro na sociedade de assessoria de imprensa, pois ela não se dirige ao público, mas aos órgãos de divulgação; que espalham o noticiário, como a TV, as estações de rádio, os jornais e as revistas. Seu registro não apresenta exigências especiais, a não ser as exigências normais da Lei dos Registros Públicos. Foi feita referência, entretanto, pela Lei Complementar 116/2003, que regulamenta o Imposto Sobre Serviços. Ao fazer incidir sobre as atividades da assessoria de imprensa o ISS, a lei considerou-a como sociedade prestadora de serviços, sendo, portanto, sociedade civil.

# 12. DA SOCIEDADE CIVIL DEDICADA À PRÁTICA ESPORTIVA

12.1. O tipo de atividade e de sociedade
12.2. Sociedade e associação
12.3. A sociedade esportiva
12.4. A sociedade esportiva e seu atleta
12.5. Associação deturpada
12.6. A fonte do direito esportivo e do esporte
12.7. A nova legislação

## 12.1. O tipo de atividade e de sociedade

As atividades esportivas estão previstas na Lei Complementar 112/003, como sujeitas ao Imposto sobre Serviços, o que nos faz supor que são atividades civis, e, portanto, de serviços prestados pela Sociedade Simples. O ponto de curiosidade que a lei provoca é quanto à natureza dos serviços prestados. Aponta as competições esportivas ou de destreza física e intelectual como atividades de lazer. Também aponta as competições esportivas como atividades artísticas.

Não vemos incoerência na lei, pois as atividades esportivas podem ser atividades de lazer e também artísticas ao mesmo tempo, conforme o ângulo pela qual são observadas. Tomemos por exemplo uma partida de futebol; os clubes que a promovem apresentam o espetáculo futebolístico para o lazer de seus espectadores; estes se divertem, expandem emoções ou passam um tempo de entretenimento. Um jogo de futebol é um passatempo para os espectadores e quem promove um jogo promove um espetáculo artístico; presta um serviço ao público, como se promovesse um espetáculo teatral.

Olhando pelo lado do atleta, sendo o jogo de futebol uma promoção artística, o jogador de futebol é equiparado a um artista, que executa sua arte para entreter o público espectador, como fazem os trapezistas. Nessas condições, quem promove uma partida presta um serviço ao público, proporcionando-lhe espetáculo para seu entretenimento. É, portanto, uma sociedade prestadora de serviços na área de lazer e de arte.

Todavia, quem presta esse serviço remunerado ao público não é uma sociedade mas uma associação. Esta é a distorção da atividade, que vem ensejando interpretações confusas e distorcidas. Eis por que a lei está procurando regularizar essa anomalia, definindo a atividade esportiva e a entidade agente dessa atividade. É atividade que cabe à Sociedade Simples, prestadora de serviços esportivos; cabe-lhe a missão de patrocinar esse tipo de espetáculo público. A solução, na realidade, vem-se protelando, por ferir muitos interesses ocultos e aparentes, pessoais e imorais, que reagem em sua defesa. Por causa dessa luta é que se observa a distorção, transformando a atividade esportiva num gangsterismo, gerador de crises, inquéritos, processos, escândalos, com a interferência de organizações criminosas internacionais, conforme é público e notório. Essa crua realidade não é ocultada nem mesmo pela imprensa escrita e falada. E continuará acontecendo porque os clubes de futebol são associações e não cabe às associações prestarem esse tipo de serviço.

A lei regulamentadora do esporte profissional oferece à sociedade esportiva a opção de ser sociedade simples ou sociedade empresária. Aliás, essa opção é comum a todas as sociedades, mas, no que tange à sociedade esportiva, não vemos, pelo menos, conveniência dessa opção por inúmeros motivos. Um deles é a vida curta que poderia esperar essa sociedade empresária: a atividade esportiva é cheia de altos e baixos, mais baixos do que altos, como nesse ano de 2011. A sombra da falência pesa sobre elas e nenhuma poderia resistir às variações financeiras. É, portanto, mais adequada a opção pela sociedade simples.

## 12.2. Sociedade e associação

Visando a dar fim à confusão jurídica atualmente reinante, é imprescindível estabelecer a distinção entre dois tipos de entidades gregárias em grande evidência no esporte moderno.

Entidade gregária é entendida como a aglutinação de pessoas, movidas por vários fatores para atividades em comum ou vida em comum. Sua origem etimológica está no termo latino *grege* = rebanho, povo, partido.

As entidades em referência são a sociedade e a associação. As duas podem ser chamadas de agremiação ou grêmio (de *grei*).

Essas duas agremiações se vão distinguir em sete aspectos, embora haja algumas dúvidas e exceções, mas no conjunto eles caracterizam uma e outra de forma inconfundível. Faremos, então, um comentário sobre cada um dos sete aspectos.

1. A sociedade tem como objetivo a obtenção de lucros. A motivação capaz de unir seus membros é a expectativa de lucros futuros. Constituem um meio de vida; cada membro se torna um dependente dela. Sua estrutura e sua filosofia de trabalho se constituem em função de seu objetivo: o objetivo econômico.

    A associação não tem intento lucrativo, mas social, político, cultural, moral, beneficente e outros semelhantes. Não distribui lucros, uma vez que não os persegue.

2 Na sociedade, o dinheiro que os sócios lhe conferem forma o capital, considerado como fundo pertencente aos sócios. O dinheiro que o sócio aporta ao capital da sociedade é um investimento, ou seja, a aplicação de um dinheiro na sociedade, para depois auferir lucros, podendo retirá-lo, se não lhe for mais conveniente.

    Na associação, o dinheiro que o associado lhe aporta é o pagamento do preço dos serviços que a associação lhe presta. Não é investimento, mas um pagamento. Desde o momento em que o dinheiro saiu da mão do associado deixou de ser patrimônio seu, entrando para o patrimônio da associação.

3. A sociedade presta serviços a terceiros, serviços esses remunerados por pessoas externas. É o caso de uma montadora de automóveis. O que faz ela? Produz automóveis e os coloca à disposição do mercado consumidor. Vive em função da venda de seus produtos a seus fregueses.

    A associação presta serviços aos seus associados e só a

eles. Não pode receber pagamento externo pelos seus serviços, vale dizer, não pode prestar serviços a terceiros. Digamos, por exemplo, que os alunos de uma escola constituem uma associação para a promoção de bailes. Ela organiza bailes para eles, só para eles. A taxa que eles lhe pagam destina-se a cobrir as despesas com os bailes e outras atividades.

4. A sociedade se constitui de três maneiras: por um contrato, por assembleia geral ou por lei. Há, portanto, sociedades contratuais, estatutárias e legais. O contrato é um acordo entre duas ou mais partes para regulamentar entre elas uma relação jurídica de natureza patrimonial. A associação se forma por uma reunião de pessoas interessadas que estabelecem um "pacto social". Nesse aspecto, a associação tem alguma similaridade com a S.A.: são entidades estatutárias. A estrutura e os itens de sua organização ficam ditados por um estatuto, aprovado pela assembleia geral dos associados.

5. Na extinção da sociedade, seu patrimônio é destinado aos sócios. Eles receberão de volta o valor do patrimônio da sociedade extinta, na proporção do capital que atribuíram ao patrimônio da sociedade. São os sócios os donos da sociedade e, portanto, têm o direito de propriedade (*jus utendi, fruendi et abutendi*) sobre ela e o patrimônio dela. Se a associação extinguir-se, seu patrimônio não poderá ser distribuído aos associados, pois não lhes pertence. O estatuto estabelecerá quem será o destinatário do patrimônio da associação. Normalmente será o Governo.

6. A sociedade desenvolve atividades empresariais. Produz e vende mercadorias e serviços. Exerce a empresa trabalhando profissionalmente para suprir as necessidades do mercado consumidor.

A associação só presta serviços a um público interno, aos seus associados. Sua clientela é fixa e restrita. Suas atividades são de regra sociais, culturais, esportivas, políticas, beneficentes, sindicais, corporativas.

7. O componente da sociedade chama-se sócio e tem um perfil próprio. Normalmente é de número restrito; é muito comum sociedade de apenas dois sócios, às vezes, marido e mulher. Poucas são as sociedades de muitos sócios, nesse caso, só as sociedade por ações.

Faremos então um esquema para estabelecer resumidamente um paralelo entre essas duas sociedades.

| SOCIEDADE | ASSOCIAÇÃO |
| --- | --- |
| 1. Possui intento lucrativo; visa lucros. | 1. Não visa a lucros. |
| 2. O dinheiro aportado pelos sócios é um investimento; pertence a ele. | 2. O dinheiro dos sócios passa para a associação. |
| 3. Presta serviços a terceiros. | 3. Presta serviços só aos associados. |
| 4. Constitui-se normalmente por contrato. | 4. Constitui-se por assembleia geral. |
| 5. Na sua extinção, o patrimônio deve ser repartido entre os sócios. | 5. Na extinção, o patrimônio não é distribuído aos associados. |
| 6. Desenvolve atividades empresariais. | 6. Desenvolve atividades sociais, culturais, caritativas. |
| 7. Seus membros são chamados sócios e geralmente são poucos. | 7. Seus membros são chamados de associados. |

## 12.3. A sociedade esportiva

Cada entidade gregária tem seu objetivo social, também chamado ramo de atividade ou segmento de mercado. É uma atividade de natureza especial, como, por exemplo: indústria, comércio, agricultura, prestação de serviços, mineração. A sociedade esportiva é uma prestadora de serviços; são os serviços de promoções esportivas dirigidas a um público massivo e externo. Promove espetáculos públicos, recebendo o pagamento por eles, como preço por seus serviços.

Submete-se às regras do mercado consumidor, procurando oferecer serviços cada vez melhores, conquistando mais clientes. Luta para manter sua clientela. Ela tem as suas marcas, normalmente registradas no INPI – Instituto Nacional da Propriedade Industrial. Muitas vezes licencia suas marcas por contratos de licenciamento regulamentado pelo Direito da Propriedade Industrial. Empenha-se constantemente em aumentar sua receita e racionaliza sua despesa.

Por suas atividades, é comparada a uma empresa promotora de espetáculos artísticos; promoção esportiva e promoção artística têm o mesmo sentido. O espetáculo público provoca a arrecadação de dinheiro graças ao preço cobrado pelo espetáculo. Tanto a sociedade promotora de espetáculos artísticos como a de espetáculos esportivos vendem seus produtos à sua clientela.

Atualmente, a atividade empresarial da sociedade esportiva está muito diversificada e consta principalmente do seu poder publicitário. O nome da sociedade esportiva já constitui uma marca consagrada por muitos anos de tradição, registrada no INPI, constituindo um bem de natureza intelectual, regulamentado pelo Direito da Propriedade Industrial. Essa marca de grande penetração popular agora se associa à marca de produtos industriais. Essa associação de marcas está na íntima dependência de larga campanha publicitária. Trata-se, então, de operação triangular, envolvendo vultosas importâncias em dinheiro.

Em seguida, essa operação estimula inúmeras outras atividades mercantis: o comércio de camisas com marcas estampadas, chapéus, bandeiras, logotipos, lenços, lápis, canetas e muitos outros produtos, cuja venda está condicionada aos espetáculos esportivos. Estes, por sua vez, provocam intensa comercialização de bebidas, lanches e outros. Por ocasião dos espetáculos, agitam-se nas proximidades muitas barracas, vendendo guloseimas. Os bares e restaurantes, lojas e outros estabelecimentos varejistas lotam nessas ocasiões. Todos esses fatores atestam a natureza empresarial da sociedade esportiva. Exerce ela a empresa, com muitas atividades de elevada movimentação financeira. São fatores que não permitem classificá-la como associação. Nota-se que não presta serviços aos seus associados, mas a terceiros, serviços profissionais próprios da atividade empresarial.

## 12.4. A sociedade esportiva e seu atleta

Aspecto confuso, vago e causador de polêmicas é o relacionamento entre a sociedade esportiva e o atleta que lhe pertence. Embora seja vasta a legislação a este respeito, não se chegou ainda à conclusão definitiva sobre esse relacionamento, nem mesmo sobre o regime jurídico a que está submetido. A posição do atleta é bem semelhante à do artista; ele é contratado para dar espetáculo artístico; seu trabalho é uma arte. Ele está enquadrado, portanto, na posição de artista. Ganha um salário mensal, mas aufere também direitos autorais, chamados ainda de direito de imagem ou direito de arena. Esse tipo de rendimento é próprio da atividade artística.

Entre a sociedade esportiva e o atleta há um vínculo de natureza contratual, por haver um contrato de prestação de serviços. Esse contrato não está regulamentado pela CLT, mas pela legislação própria da atividade esportiva. Aliás, a lei regulamentadora das atividades esportivas, conhecida como "Lei Pelé", diz no art. 1º:

> *A prática desportiva é regulada por normas nacionais e internacionais e pelas regras de prática desportiva de cada modalidade, aceitas pelas respectivas entidades nacionais de administração do desporto.*

Não deixa de ser um contrato de trabalho, pois a ele se refere essa lei várias vezes. As leis, porém, embaralham a questão, chegando a afirmar que as disposições da CLT a ele se aplicam. Concluímos, então, que um clube é uma sociedade; o atleta que lhe presta serviços é um empregado assalariado; o vínculo que os une é um contrato de trabalho; aplicam-se a esse contrato as normas específicas da atividade esportiva e as trabalhistas. Nesses termos, julgamos competente a Justiça do Trabalho para dirimir divergências entre a sociedade esportiva e seus atletas. Todavia, a própria lei prevê uma jurisdição especial para solucionar esses conflitos, ou seja, o tribunal de justiça desportiva. O contrato sociedade esportiva/atleta ficou definido no art. 28 da Lei Pelé:

> *A atividade do atleta profissional de todas as modalidades desportivas é caracterizada por remuneração pactuada em contrato formal de trabalho firmado por entidade de prática desportiva, pessoa jurídica de direito privado, que deverá conter, obrigatoriamente, cláusula penal para as hipóteses de descumprimento, rompimento ou rescisão unilateral.*
> *1º. Aplicam-se ao atleta profissional as normas gerais da legislação trabalhista e da seguridade social, ressalvadas as peculiaridades expressas nesta Lei ou integrantes do respectivo contrato de trabalho.*
> *2º. O vínculo desportivo do atleta com a entidade contratante tem natureza acessória ao respectivo vínculo empregatício, dissolvendo-se, para todos os efeitos legais, com o término da vigência do contrato de trabalho.*

Fala esse artigo em contrato formal, mas não é explícito quanto às formalidades. Naturalmente, é um contrato escrito. Normas gerais estabeleceram um formulário próprio, com cláusulas predeterminadas. As partes do contrato estão determinadas: entidade de prática esportiva/atleta profissional. Entidade de prática desportiva é um gênero, de que são espécies:
- Sociedade civil;
- Sociedade mercantil;
- Associação (como são registrados os atuais clubes, em sua maioria.

Pelo parágrafo segundo, aplicam-se ao contrato as normas trabalhistas, o que justifica a eleição da Justiça do Trabalho como foro competente para dirimir divergências entre as partes. Assim sendo, a entidade de prática desportiva, seja a sociedade esportiva ou a associação esportiva, deverá recorrer à Justiça do Trabalho para dirimir suas querelas. Preferimos não discutir aqui essa questão, para nos ocuparmos apenas do estudo da sociedade esportiva, mas vemos choques com o estatuto da FIFA, que não permite recurso à justiça pública, a não ser quando esgotadas as vias da justiça desportiva.

O parágrafo terceiro focaliza questão muito polêmica e importante. Terminado o contrato de trabalho, o atleta fica livre para estabelecer contrato com quem quiser. Não resta vínculo qualquer com seu antigo empregador. Nesse aspecto, houve derrota de nossos "cartolas", pois, anteriormente, o atleta ficava vinculado à entidade de prática desportiva, seu antigo empregador, e era obrigado a renovar seu contrato, a menos que seu empregador o liberasse. Esse vínculo era chamado de "passe". A liberação do passe rendia muito dinheiro, por ser uma liberação remunerada, proporcionando ao antigo empregador e, principalmente, aos dirigentes das agremiações polpudos lucros, tanto para quem vendia como para quem comprava. Era a principal fonte de renda, mas não conseguiu manter-se.

## 12.5. Associação deturpada

Os clubes praticantes de esportes profissionalizados começaram realmente como associações; alguns deles antes do Código Civil de 1916. Esse código já foi revogado, graças ao advento do novo Código Civil. É necessário então pensarmos em termos do novo código, o de 2002. Se examinarmos a vida dessas associações, mormente os clubes de futebol profissional, notaremos que são sociedades esportivas. Bastaria examinar a intensa mobilização financeira, a preocupação com o lucro, enfrentando os riscos da atividade econômica, a natureza jurídica das atividades exercidas, e outros fatores, para se verificar que estamos frente a uma autêntica empresa. E se não for considerado como empresa, aplicando em sua administração os princípios científicos da economia e da administração de empresas, essa entidade de prática desportiva não conseguirá sobreviver.

A associação esportiva tem sido uma prestadora de serviços, mas não a seus associados, no contexto jurídico brasileiro; algumas nem mesmo têm associados. Outras têm associados e lhes prestam serviços. Os clubes que exercem atividades de futebol profissional, porém tem esse serviço de forma irrisória, considerando-o um "mal necessário". Esses serviços tornaram-se muito custosos e a clientela vem minguando paulatinamente. A causa principal é a montagem de clubes nos conjuntos residenciais. Os modernos edifícios de apartamentos têm normalmente piscinas, quadras, salões de festas, parque infantil, não precisando os condôminos saírem de casa para usufruir os serviços proporcionados pelos clubes. De outra parte, é inegável a diminuição do poder aquisitivo, do nível de vida, do achatamento de salários, o aumento do desemprego e do subemprego, do PIB. Ante a situação de apertura, é natural que o cidadão corte os gastos dispensáveis, como as taxas a clubes. É sabido que as associações esportivas de São Paulo, dedicadas exclusivamente a serviços sociais, ou seja, sem esportes competitivos, atravessam difícil situação financeira e logística, assim considerada como crise de identidade, incluindo-se entre essas as mais tradicionais. Estão, por esse motivo, mudando sua estrutura e transformando-se em empresas de prestação de serviços externos a terceiros.

    O estatuto das sociedades esportivas de competição afirma terem elas o objetivo de prestar serviços aos seus associados, a produzir atletas para as seleções nacionais, a divulgar o nome do Brasil, perante o mundo todo. São assim as associações entidades de utilidade pública de caráter patriótico. Assim sendo, há interesse público na sua manutenção, motivo pelo qual o Governo lhes destina largas verbas, como, por exemplo, as da loteria esportiva. Seus dirigentes passam como abnegados servidores de seus clubes.

    O que vem acontecendo é que as atividades constam principalmente de promoção de espetáculos públicos, divulgados por ampla campanha publicitária, destinados a terceiros, não a seus associados. Caso o associado queira participar desses espetáculos, pagará o preço dos demais espectadores. Pela natureza jurídica, um espetáculo de futebol é semelhante a um espetáculo promovido pelas sociedades artísticas. Os atletas da sociedade esportiva são como artistas, contratados para promoverem espetáculo ao público externo, e são remunerados de acordo com o valor mercadológico, da mesma forma que um artista. Os salários pagos aos atletas não condizem com os objetivos de uma associação. Há salários mensais superiores a R$ 500.000,00, ou seja, mais de mil salários mínimos, bem como o salário dos treinadores. Há outros funcionários, como médico, enfermeiro, preparador físico, roupeiro, massagista, gerente e outros. Os jornais publicaram o salário de um roupeiro, profissional de nível comparável a um operário semiespecializado, como sendo de R$ 30.000,00.

Ante essa situação, as sociedades esportivas do Brasil encontram-se em situação de insolvência; a maioria delas vêm dissolvendo seu patrimônio, mesmo porque seus bens estariam sujeitos à penhora. Muitas acumulam dívidas que ultrapassam qualquer possibilidade de pagamento. Em situação extrema, o Governo lhes presta socorro, tirando-as do fundo do poço temporariamente. Quando foi criado, o PROER, para socorrer bancos falidos, o dinheiro do Banco Central carreado a esses bancos teve uma parcela transferida por eles a várias sociedades esportivas. O Governo assim age, tendo em vista o alcance social, psicológico das atividades desenvolvidas pelas sociedades esportivas.

Contudo, se elas estão em insolvência, constituindo praticamente massa falida, o mesmo não se pode dizer em relação aos seus dirigentes. Em nome da sociedade esportiva que eles dirigem, realizam negócios monumentais: pagam salários astronômicos, realizam transferências milionárias de atletas, celebram custosos contratos de publicidade. Nunca se sabe do dinheiro dessas operações; tudo é secreto. Não estão obrigadas as associações a publicar balanço, como aconteceria numa empresa. Não sofrem inspeção fiscal, por serem isentas de impostos. A prestação de contas perante órgãos internos de cada sociedade esportiva é normalmente uma farsa. Estranho é que por ocasião de eleições de dirigentes, grupos políticos internos se digladiam acirradamente; agridem-se, trocam acusações.

Há tempos foi constituído um banco em São Paulo, pelo tesoureiro de um clube, com a finalidade de patrocinar esse clube. O banco investiu considerável soma para eleger os dirigentes, muitos deles seus funcionários. A imprensa especializada deu ampla cobertura ao banco nessa campanha eleitoral, com propaganda planejada e intensa. O banco promoveu jantares, espetáculos artísticos, coquetéis. Presentes e gratificações foram distribuídos amplamente em ruidosas convenções. Realizada a eleição, constatou-se fragorosa derrota do banco, com seus candidatos ocupando as últimas colocações. Em consequência, o banco quebrou, entrando em liquidação extrajudicial, dando prejuízos a milhares de pessoas. Foram levadas à insolvência várias empresas que compunham o grupo liderado por esse banco.

Esse ambiente não é pacífico. Os órgãos de comunicação de massa já divulgaram muitos escândalos bombásticos, envolvendo a atuação de dirigentes esportivos. Todas as sociedades esportivas de São Paulo e Rio de Janeiro já foram atingidas por tais escândalos. Houve também divulgação da fortuna desses dirigentes, muitas existentes nos paraísos fiscais, fortuna conseguida de forma suspeita e misteriosa. Foram constituídas no Congresso Nacional várias comissões parlamentares de inquérito para apurar falcatruas na área das atividades esportivas.

## 12.6. A fonte do direito esportivo e do esporte

Fontes do direito são os fatores determinantes do surgimento e das transformações por ele experimentadas pelos anos. No sentido geral, as fontes básicas do direito são a lei, os costumes, a analogia, a doutrina, a jurisprudência e os princípios gerais do direito, segundo consta da Lei de Introdução ao Código Civil e do estatuto da Corte Internacional de Justiça. Cada ramo do direito apresenta suas fontes específicas ou diferença de intensidade delas. O Direito Esportivo é um ramo do Direito Privado em enorme desenvolvimento em nossos dias. Alguns aspectos dele fazem parte do Direito Público, ao dedicar-se à ação do Governo quanto às atividades esportivas, mormente no que tange aos seus mecanismos de controle. Revela esse ramo do direito fatores próprios, determinantes de sua origem e desenvolvimento. Está naturalmente em correlação com o próprio esporte.

Segundo algumas teorias produzidas pela psicologia, ela é a ciência do comportamento humano. Há nesse conceito um paralelismo com o direito, que também é a ciência do comportamento humano. É, contudo, a psicologia uma ciência especulativa, ou seja, de investigação teórica; procura averiguar como é o comportamento humano. O direito é uma ciência normativa, isto é, procura averiguar como deve ser o comportamento do homem, mais precisamente procura estabelecer normas para esse comportamento. Não preocupa tanto ao direito como o comportamento é, mas como deve ser.

O comportamento é, portanto, o objetivo da psicologia e do direito e ambos procuram interpretá-lo de forma sincronizada, embora cada um sob a sua ótica. A psicologia experimental estabeleceu para o comportamento a fórmula S-R (*stimulus-reactionem*); é a maneira de como o homem reage aos estímulos que recebe. E o transcorrer de nossa vida é uma cadeia de estímulos que atinge nossa consciência, ante os quais apresenta ela uma reação. Assim, por exemplo, se um inseto passa diante de nós (estímulo), piscamos (reação). O comportamento é a sucessão desses atos.

Vários tipos de comportamento se realçam, cada um provocando alterações no direito, entre os quais podemos citar:

## *Comportamento instintivo*

Compreende-se como instinto uma força interior, que impele o homem a praticar atos independentemente de seu desejo e sem conhecer sua finalidade. Os instintos mais provocadores de alterações no direito são os de conservação, gregário, lúdico e religioso.

## *Comportamento consciente*

É o conjunto de atos motivados pela vontade. São os atos jurídicos previstos no atual Código Civil. Se esses atos desobedecerem a esses artigos e aos do Código Penal, transformam-se em crimes dolosos, ou seja, são uma transgressão consciente ao preceito legal. Quem assina um contrato, por exemplo, deve estar praticando um ato consciente.

## *Comportamento inconsciente*

É a forma de agir de um cidadão sem ser determinada pela vontade. Sua relevância se deve aos estudos do notável psiquiatra vienense Sigmund Freud. Os atos ilícitos inconscientes constituem os crimes culposos.

## Comportamento condicionado

Resultou dos estudos do cientista russo Pavlov e consiste em substituir um estímulo por outro, para se averiguar qual será a reação, geralmente idêntica.

## Comportamento instintivo

A questão que agora nos afeta é o conjunto de atos provocados pelo instinto, mormente um deles: o instinto lúdico. O homem é impulsionado a praticar certos atos por forças íntimas e nem mesmo ele consegue compreender porque praticou aqueles atos: é a força do instinto. Não só o homem tem um comportamento dirigido pelo instinto, mas também os animais e as plantas, enfim todo ser vivo.

Uma galinha chocou uns ovos, sem saber que entre eles ficara um ovo de pata, tendo nascido uma ninhada. Em seguida, a galinha levou sua ninhada a passeio, encontrando uma poça d'água. Os pintinhos procuraram afastar-se, mas o patinho entrou nela e saiu nadando, sob o alvoroço geral. O que teria feito o patinho a proceder dessa forma? Ninguém lhe falou que era patinho e não um pintinho. Ninguém o ensinou a nadar. O que houve foi uma força interior, nascida com ele, ou seja, inerente à sua espécie, que o impulsionou a entrar na água, sentir-se bem nela e sair nadando. É a força do instinto.

Entre os instintos intimamente ligados ao nosso tema de agora, vamos fazer algumas referências.

## Instinto gregário

Conforme já vimos, esta palavra vem de *grei* = reunião. O homem não vive isolado, procura seu semelhante e com ele convive. O filósofo grego Aristóteles defendeu a tese de que o homem é um "animal social". Desde que ele se encontre com outro, surge uma sociedade e a necessidade de se regulamentar essa sociedade, donde o princípio: *UBI SOCIETAS UBI JUS* (onde houver sociedade, haverá o direito). Todo tipo de sociedade é fruto desse espírito humano, dentre elas a sociedade esportiva. O esporte é uma forma de convívio social.

## Instinto de conservação

Manifesta-se em dois sentidos: o instinto de conservação pessoal e o instinto de conservação da espécie. O primeiro justifica o apego do homem à vida, por mais horrível que seja, à saúde, à integridade física. É instinto tutelado pelo direito e atentado contra ele poderá configurar crime contra a vida. Outra manifestação desse instinto é o de conservação da espécie; revela-se no impulso sexual, tendendo a propagar a espécie, por sua vez projetado no amor materno, filial e outros. Fruto desse instinto é o próprio direito de família.

## Instinto lúdico

É a maior fonte do esporte e do direito esportivo. O instinto gregário proporciona um leve impulso, pois o esporte une pessoas, faz com que se correlacione um com o outro, daí a máxima: "o esporte faz amigos". Como provoca o aparecimento de sociedades, seu mais direto efeito é a sociedade esportiva.

O instinto de conservação participa da formação da sociedade esportiva: o esporte aprimora a saúde, o acondicionamento físico pessoal e da espécie. Por essa razão, todos os governos se valem do esporte para esses fins e muitos outros, até mesmo políticos e psicológicos. Nero dizia que mantinha o domínio sobre o povo com pão e circo. Hitler considerava o esporte como "consagração da raça". Os demais regimes totalitários, como a Itália fascista, a União Soviética e Cuba, fizeram do esporte instrumento político e de vitalização do povo.

"*Ludus*" é uma palavra latina com o significado de jogo, donde se origina o termo "lúdico". Vem a ser o instinto lúdico a força propulsora do homem para as práticas desportivas, para o jogo, para a emulação, a disputa. Nota-se essa tendência da raça humana em todas as civilizações. A maioria dos jogos exige um conjunto de regras que regulamente cada jogo; é, portanto, uma fonte de produção do direito. O conjunto de jogos vai exigir regulamentação mais ampla, entre as quais situa-se a que estamos nos referindo, a chamada "Lei Pelé". Forma-se assim extensa legislação esportiva em todos os países. Consta que os jesuítas começaram a cativar os índios com a organização de jogos; constataram eles que os índios já praticavam esportes desde tempos imemoriais. Pode-se, então, dizer que o Direito Esportivo nasceu no Brasil com Nóbrega e Anchieta, ao estabelecerem as primeiras regras esportivas.

Os primórdios de todos os povos revelam a existência de jogos e regulamentação esportiva. Na antiga Grécia, 800 anos antes de Cristo, eram realizadas as olimpíadas, como grande festa nacional, repetida cada quatro anos. Eram praticadas corridas, lutas, lançamento de dardo e de disco, corrida de cavalos e outras competições. As primeiras revelações de vida na antiga Roma mostram o povo fazendo procissão pelos campos, pedindo aos deuses para que proporcionassem boas colheitas. Essas procissões revelam a força do instinto religioso que domina todos os povos. Para comemorar seus sucessos e as boas colheitas, os romanos promoviam jogos. Mais tarde, aparecem em Roma os circos, na ocasião estádios esportivos, entre os quais figurava o Circo Massimo, verdadeiro monumento. Ainda hoje permanecem em Roma as ruínas desse circo e o esplendor das competições foi restaurado no famoso filme *Ben Hur*. Sugestiva ainda é a existência do palco de grandes competições, até mesmo de uma batalha naval: é o Coliseu, originalmente *colosseum* = colosso. Vemos assim que o esporte, a competição, os jogos, a emulação estiveram na origem de todos os povos, materializando-se em grandes obras, como o Coliseu e as numerosas praças de esportes existentes em todo o mundo. Essa relevância justifica o surgimento do direito esportivo.

## 12.7. A nova legislação

Ante o estado confuso e escabroso do esporte brasileiro, foram cogitadas várias medidas. Todas elas concluíram pela necessidade de situar juridicamente as sociedades esportivas no seu real estágio: são elas sociedades e não associações. Se são sociedades, será difícil exigir verbas públicas como doações; não teria sentido uma empresa receber doações públicas, ainda mais que algumas delas são multinacionais. Hoje, há realmente vários clubes pertencentes a empresas multinacionais.

A primeira iniciativa no sentido de elaborar legislação realista sobre a questão foi do governo do presidente Collor, criando o Ministério dos Esportes e nomeando como ministro um famoso jogador de voleibol, que empreendeu a elaboração de lei reguladora do esporte, calcada na lei italiana. Mas o projeto nem chegou a ser apresentado, pois o presidente Collor foi apeado do poder.

O novo presidente manteve o ministério, mas nomeou ministro um famoso jogador de futebol apelidado de ZICO, que levou o projeto adiante e foi transformado na Lei 8.672/93, conhecida como a "Lei Zico". Esta lei introduziu a sociedade esportiva na legislação brasileira, que poderia ser sociedade civil ou sociedade mercantil. Os clubes não desapareceriam, já que facultativamente poderiam adotar várias opções:

- Transformar-se em sociedade civil ou mercantil;
- Criar uma sociedade esportiva, que pertenceria ao clube;
- Ceder o direito de exercer as atividades empresariais do esporte a uma empresa externa, ficando o clube como associação prestadora de serviços sociais.

Essa iniciativa caberia ao clube de forma facultativa, sem obrigatoriedade de adotar essa solução. Teve a lei o *vacatio legis* de um ano, para que as associações esportivas tivessem tempo de se preparar para a assimilação da nova lei.

Nesse ínterim, o governo, que era passageiro, sai e entra outro, também conservando o ministério, mas nomeando novo ministro, agora o famoso Pelé. Comentava-se que havia ciúme e rivalidade entre esses dois Ministros-atleta.

O novo ministro manda elaborar nova lei, quase igual à anterior, mas modificando o aspecto a que estamos nos referindo: a transformação da associação em sociedade seria obrigatória. Assim sendo, não seria possível a uma associação exercer as atividades esportivas de competição, mas apenas prestar serviços aos seus associados. Surgiu assim a Lei 9.615, de 24.03.1998. Vamos transcrever o art. 27 dessa Lei:

> *As atividades relacionadas a competições de atletas profissionais são privativas de:*
> *I. Sociedades civis de fins econômicos;*
> *II. Sociedades comerciais admitidas na legislação em vigor;*
> *III. Entidades de prática desportiva que constituírem sociedade comercial para a administração das atividades de que trata este artigo.*

Este é o art. 27 da Lei 9.615/98, conhecida como Lei Pelé, promulgada também com *vacatio legis* de dois anos, para entrar em vigor em 24 de março de 2000. Imediatamente, todos os clubes praticantes do futebol profissional procuraram amoldar-se à nova lei, muitos criando uma sociedade para assumir depois as competições de atletas profissionais. Foi a tentativa de amoldar-se à realidade. Sendo uma sociedade esportiva, será controlada pelos sócios, ou seja, os seus donos. Como sociedade, ficará ela submissa às normas do Direito Societário.

Entretanto, a Lei Pelé impediu que entrasse em vigor a Lei Zico, ao estabelecer o *vacatio legis* de dois anos, ou seja, os clubes tiveram o prazo até 24.03.2000 para se transformarem em sociedades esportivas, enquadradas nas normas do Direito Societário, ou delegarem a uma sociedade a exploração dos esportes competitivos. É o que diz o art. 94 da Lei Pelé:

> *As entidades desportivas praticantes ou participantes de competição de atletas profissionais terão o prazo de dois anos para se adaptar ao disposto no art. 27.*

Lamentável foi esse *vacatio legis*. Os dirigentes esportivos esperaram tranquilamente escoar o prazo e no mês de março de 2000 deram o bote fatal. Vários "cartolas" (designação pejorativa dos dirigentes esportivos) eram deputados federais; outros deputados federais tinham sido eleitos por eles e constituíam seus testas de ferro. Além disso, ao ver sua lei aprovada, Pelé deixou o ministério e a ele sucederam-se vários políticos ligados ao esquema do futebol profissional. Várias medidas provisórias alteraram a lei, mais precisamente o art. 27, impedindo que ele entrasse em vigor. Logo em seguida, entra em vigor a Lei 9.981, de 14.07.2000, liquidando com a obrigatoriedade. Como os dirigentes de clubes são também políticos de variados partidos, conseguiram nomear, no Ministério dos Esportes, alguns de seus "testas de ferro", manipulando ao seu bel talante a legislação. Em consequência desse poder, ficou então assim redigido o art. 27 da Lei Pelé, ou seja, a 9.615/98:

> *É facultado à entidade de prática desportiva participante de competições profissionais:*
> *I. Transformar-se em sociedade civil de fins econômicos;*
> *II. Transformar-se em sociedade comercial;*
> *III. Constituir ou contratar sociedade comercial para administrar suas atividades profissionais.*

Destarte, cabe ao próprio clube optar se deseja constituir uma sociedade mercantil que se encarregará do futebol profissional, enquanto o clube ficará apenas como associação, ou seja, prestará serviços aos seus associados. A sociedade pertencerá, entretanto, ao clube. Aliás, pelo terceiro parágrafo do art. 27 o capital com direito a voto deverá pertencer ao clube, em 51 %.

As sociedades esportivas que já estavam constituídas segundo a primitiva Lei Pelé continuam, mas as novas deveriam se amoldar à lei reformada. É fácil de ver que nenhum clube vai querer usar a faculdade concedida pela lei; seus dirigentes não vão abrir mão dessa inesgotável fonte de renda, principalmente sabendo que eles em nada contribuíram para formar o capital do clube que dirigem. As organizações estrangeiras não irão investir no esporte profissional brasileiro, se a sociedade esportiva lhe pode pertencer apenas parcialmente, vale dizer, não terão essas empresas o poder de mando, que ficará na mão dos "cartolas", embora não tenham posto dinheiro na formação do capital da sociedade esportiva. Aquelas que já tinham investido em função da Lei Pelé primitiva não sabem agora como se retirar.

Por ironia do destino, restabeleceu-se a Lei Zico, embora tivesse permanecido o nome de Lei Pelé. Não sem razão, Pelé declara que essa lei não deveria receber o seu nome, pois a lei proposta por ele foi deturpada no seu aspecto principal, tanto na letra como no espírito. Ele e muitos outros acham que, tal como ficou, vai perpetuar as fraudes e a situação anômala em que se encontra o esporte brasileiro, porquanto a Lei Pelé não se refere ao futebol somente, mas a todo esporte de competição.

Conclui-se que, doravante, a associação esportiva continuará suas atividades, mesmo sendo consideradas como mercantis, a saber:

- Promover competições esportivas a terceiros, como espetáculos públicos remunerados pelos espectadores;
- Explorar a marca do clube, devidamente registrada no INPI – Instituto Nacional da Propriedade Industrial, utilizando-as nos termos do Direito da Propriedade Industrial;
- Produzir atletas e vendê-los a outras associações com preço regulamentado pela lei da oferta e da procura.

Para melhor facilidade de consulta, transcrevemos abaixo o texto do art. 27, da Lei 9.615/98:

*Art. 27. É facultado à entidade de prática desportiva participante de competições profissionais:*

*I. Transformar-se em sociedade civil e de fins econômicos;*

*II. Transformar-se em sociedade comercial;*

*III. Constituir ou contratar sociedade comercial para administrar suas atividades profissionais. (NR).*

*§ 1º. (parágrafo único original) (Revogado).*

*§ 2º. A entidade a que se refere este artigo não poderá utilizar seus bens patrimoniais, desportivos ou sociais para integralizar sua parcela de capital ou oferecê-los como garantia, salvo com a concordância da maioria absoluta da assembleia-geral dos associados e na conformidade do respectivo estatuto.*

*§ 3º. Em qualquer das hipóteses previstas no* caput *deste artigo, a entidade de prática desportiva deverá manter*

*a propriedade de, no mínimo, cinquenta e um por cento do capital com direito a voto e ter o efetivo poder de gestão da nova sociedade, sob pena de ficar impedida de participar de competições desportivas profissionais.*

*§ 4º. A entidade de prática desportiva somente poderá assinar o contrato ou firmar compromisso por dirigente com mandato eletivo.*

*Art. 27-A. Nenhuma pessoa física ou jurídica que, direta ou indiretamente, seja detentora de parcela do capital com direito a voto ou, de qualquer forma, participe da administração de qualquer entidade de prática desportiva poderá ter participação simultânea no capital social ou na gestão de outra entidade de prática desportiva disputante da mesma competição profissional.*

*§ 1º. É vedado que duas ou mais entidades de prática desportiva disputem a mesma competição profissional das primeiras séries ou divisões das diversas modalidades desportivas quando:*

*(a) uma mesma pessoa física ou jurídica, direta ou indiretamente, mediante relação contratual, explore, controle ou administre direitos que integrem seus patrimônios; ou*

*(b) uma mesma pessoa física ou jurídica, direta ou indiretamente, seja detentora de parcela do capital com direito a voto ou, de qualquer forma, participe da administração de mais de uma sociedade ou associação que explore, controle ou administre direitos que integrem o seu patrimônio.*

*§ 2º. A vedação de que trata este artigo aplica-se:*

*(a) ao cônjuge e aos parentes até o segundo grau das pessoas físicas;*

*(b) às sociedades controladoras, controladas e coligadas das mencionadas pessoas jurídicas, bem como a fundo de investimento, condomínio de investidores ou outra forma assemelhada que resulte na participação concomitante vedada neste artigo.*

*§ 3º. Excluem-se da vedação de que trata este artigo os contratos de administração e investimentos em estádios, ginásios e praças desportivas, de patrocínio, de licenciamento*

*de uso de marcas e símbolos, de publicidade e de propaganda, desde que não importem na administração direta ou na cogestão das atividades desportivas profissionais das entidades de prática desportiva, assim como os contratos individuais ou coletivos que sejam celebrados entre as detentoras de concessão, permissão ou autorização para exploração de serviços de radiodifusão sonora e de sons e imagens, bem como de televisão por assinatura, e entidades de prática desportiva para fins de transmissão de eventos desportivos.*

*§ 4º. A infringência a este artigo implicará a inabilitação da entidade de prática desportiva para a percepção dos benefícios de que trata o art. 18, bem como a suspensão prevista no art. 48, IV, enquanto perdurar a transgressão.*

*§ 5º. Ficam as detentoras de concessão, permissão ou autorização para exploração de serviço de radiodifusão sonora e de sons e imagens, bem como de televisão por assinatura, impedidas de patrocinar entidades de prática desportiva.*

# 13. SOLUÇÃO SENSATA DE CONTROVÉRSIAS SOCIETÁRIAS

**13.1.** O surgimento de litígios
**13.2.** Necessidade de fórmulas alternativas de solução de problemas
**13.3.** Características e vantagens da arbitragem
**13.4.** Tipos de arbitragem
**13.5.** Como se institui o juízo arbitral
**13.6.** O passivo judicial das empresas
**13.7.** A remuneração da arbitragem
**13.8.** As raízes brasileiras da arbitragem
**13.9.** As lições do passado

## 13.1. O surgimento de litígios

Cabe-nos levantar um problema que o mundo moderno reclama por uma resolução: como resolver os possíveis conflitos na área jurídica e agora estamos tratando de controvérsias existentes ou que venham a existir no campo do Direito Societário. Divergências entre pessoas envolvidas em torno de uma sociedade existem aos milhões e não deixarão de existir. O que, entretanto, é doloroso é ver como esses conflitos entre pessoas emperram a vida das sociedades civis ou mercantis, ou seja, da Sociedade Simples e da Sociedade Empresária, na terminologia do Código. E surgem não apenas no âmbito societário, mas em todas as relações societárias, empresariais, econômicas, sociais e nas demais áreas das relações humanas. Tantos nomes surgiram para designar esses choques de opiniões: litígio, controvérsia, disputa, contenda, discussão, combate, choque, altercação, luta, rixa, lide, briga, querela, pendência, queixa, questão, problema.

Bastaria um olhar sobre a Bíblia. Deus colocou Adão e Eva no paraíso, mas eles tiveram tantos desacertos de opiniões até chegar ao da maçã e Deus não mais teve paciência e o resultado do conflito foi a expulsão do paraíso. Adão e Eva tiveram, a princípio, dois filhos: Caim e Abel. Todos sabem o resultado dos entendimentos ou desentendimentos entre os dois irmãos. Seguiu-se daí uma sucessão de gerações, mas sempre envolvidas em desentendimentos, em litígios, chegando ao mundo de hoje, conservando o mesmo estado de espírito.

Na vida empresarial, e estamos agora tratando do âmbito especial das relações societárias, idêntico fenômeno vem ocorrendo. Uma sociedade está constantemente às voltas com discussões entre ela e seus empregados, outras sociedades, bancos que a servem, fornecedores, o Poder Público. Esses litígios, estas discussões não chegam a ser considerados uma briga no seu sentido exato, mas diferentes pontos de vista; cada parte interpreta uma questão, um contrato, um problema do ponto de vista dos seus interesses. Por mais clara e objetiva que seja uma lei, por mais cuidadosa que seja a elaboração de um contrato, não será evitada a interpretação própria e particular de cada parte, pois cada uma delas olha a questão de forma distorcida pelo interesse. E assim os litígios surgem, em vista das diferentes formas de se interpretar um problema.

## 13.2. Necessidade de fórmulas alternativas de solução de problemas

Se for certo que o ser humano sempre se envolveu em litígios, é igualmente certo que sempre procurou evitá-los, embora não o conseguisse. Sempre procurou encontrar fórmulas de resolução para esse litígios, até chegar ao sistema mais evoluído, que foi a jurisdição promovida pelo Poder Público. Criou-se, para tanto, um poder: o Poder Judiciário. A Justiça Pública cumpriu o seu papel de órgão julgador das lides, durante vinte séculos. De meio século para cá, todavia, a Justiça Pública começou a revelar sua inadequação ao mundo moderno; não conseguiu acompanhar os passos revolucionários dos problemas humanos e empresariais, deixando de resolver litígios, e criando outros. O Poder Judiciário não foi preparado para enfrentar os novos problemas que estariam para surgir a partir da metade do século XX.

Logo após a sua constituição, a CCI – Câmara de Comércio Internacional instalou, em 1922, o seu mais importante órgão: a CIA – Corte Internacional de Arbitragem. Não se trata apenas da montagem de um órgão judicante, mas da implantação de um sistema judiciário, com regras e princípios definidos e consolidados. Surgiu assim a primeira corte arbitral, que há mais de 80 anos presta serviços na área internacional e também na vida interna dos países. Serve de modelo para a criação de inúmeras outras cortes pelo mundo.

Não há um poder judiciário internacional, a justiça pública universal. O foro competente para julgar questões internacionais, com predominância na área contratual, é estabelecido pelas próprias partes na cláusula de eleição de foro. No plano nacional há certas limitações à eleição de foro pelas partes, pois o Código de Processo Civil impõe normas sobre o foro competente.

Nessas condições, empresas de países diferentes poderão celebrar contrato com a eleição do foro competente para dirimir quaisquer controvérsias entre elas perante a justiça de um dos países a que pertença algumas delas, ou, então, no foro de qualquer dos países. Poderiam ainda concordar com que certas questões sejam resolvidas num país e outras em outro país. Entretanto, não seria apenas a escolha do foro a preocupação das empresas contratantes, mas também o direito a ser aplicado: de um país ou de outro? Se ambos ao mesmo tempo? De alguma convenção internacional? Dos costumes internacionais, como a *lex mercatoria*?

Outros problemas mais delicados envolvem a solução de litígios empresariais, quer internacionais, quer nacionais. As vias costumeiras de solução têm apresentado sensível inadequação para o exame de divergências entre empresas engajadas num contrato. Por estas e por outras razões, as normas internacionais penetram no Brasil, transformando-se em direito nacional, como foi o caso da arbitragem.

A moderna vida empresarial, desenvolvida no mundo caracterizado pela produção em série, pela aplicação da tecnologia nas atividades produtivas, pela informática, pela era da globalização e crescente internacionalização das atividades empresariais, pela formação de inúmeros contratos novos e complexos, pela formação de blocos econômicos, como o MERCOSUL e a UNIÃO EUROPEIA, introduziu profundas modificações nas operações econômicas. Os modernos contratos empresariais desgarram-se dos modelos tradicionais, criados pelo direito romano. A cada dia que passa, alastra-se a aplicação do contrato de adesão, prática desconhecida há pouco tempo. Os contratos são híbridos, formados por pedaços de outros e cláusulas de moderna criação, como a *acceleration clause*, de *hardship*, de "força maior". Basta examinar o "contrato de alienação fiduciária em garantia", calcado numa dezena de institutos jurídicos, mesmo tradicionais, mas de novos matizes. Os problemas são novos, imprevistos, inusitados.

Para a solução de problemas novos e inusitados, temos que criar mecanismos novos de solução. Não podemos resolver os modernos problemas empresariais utilizando-se de mecanismos seculares, criados para a resolução de conflitos empresariais do século passado. É de se criar fórmulas alternativas de resolução de pendências, aliás já em aplicação e desenvolvimento no Brasil e no restante do mundo, com pleno sucesso.

Tradicionalmente, o esquema de solução de lides é por meio da justiça pública, exercida pelo Poder Judiciário. O direito em que se fulcra o julgamento judicial é o legislado, de inspiração romana, consubstanciado principalmente no antigo Código Comercial e no Código Civil. Esse esquema tradicional revela-se hoje inteiramente defasado, anacrônico e inadequado. Sua manutenção tem causado imensos prejuízos ao país, tornando a situação bastante grave, embora suportável. Dentro em breve, porém, a tolerância terá o seu fim. O Poder Judiciário no Brasil, como na maioria dos países, está acéfalo, sucatado e emperrado. Não cumpre a sua missão, nem terá condições de cumpri-la, uma vez que essa situação calamitosa agrava-se de forma assustadora. A demora na solução de tão angustiante problema vem causando inquietações, desavenças e até explosões de revolta.

Atualmente está em andamento a Comissão Parlamentar para encontrar soluções. Os órgãos de comunicação expõem constantemente essas circunstâncias, de maneira às vezes bombástica e sensacionalista, abafando a divulgação de fórmulas sensatas e científicas, levantadas por juristas e magistrados. Em nosso parecer, tais comissões examinam um problema insolúvel; portanto, será tempo perdido desenvolver tais estudos. Só após a adoção de arbitragem seria possível pensar no aprimoramento do Judiciário e na solução de seus problemas.

Urge, portanto, que, doravante, toda empresa que se constituir, sob a forma de Sociedade Simples ou de Sociedade Empresária preveja no seu contrato social a cláusula de eleição de foro, constando que as possíveis divergências na interpretação ou execução desse contrato sejam resolvidas pela arbitragem.

No tocante ao relacionamento com terceiros, deve ser incluída essa mesma cláusula, dizendo que a sociedade *procurará* resolver possíveis litígios por meio da arbitragem. Neste caso, o verbo será *procurará* e não *deverá*, pois há questões que forçosamente exigirão processo judicial, uma vez que na arbitragem só poderão ser discutidos *direitos patrimoniais disponíveis*.

## 13.3. Características e vantagens da arbitragem

A sensatez está, pois, em reconhecer a inviabilidade do esquema tradicional de solução de litígios e adotar novas fórmulas paralelas, consentâneas com o mundo moderno e as necessidades da sociedade, mormente no que tange às empresas. Os novos esquemas devem atender às características essenciais para que a justiça se exerça: rapidez, sigilo, adequação jurídica, confiabilidade, baixa contenciosidade, especialidade. São características exigidas pela nova ordem econômica e jurídica nacional e internacional e pela moderna orientação empresarial. O sistema tradicional de resolução de lides, vale dizer, a solução judiciária, não atende a qualquer dessas exigências, fulminando as seculares formas processuais. Há necessidade de falarmos sobre as vantagens da arbitragem, como forma alternativa de resolução de disputas.

### *Rapidez*

A primeira delas e por razões de importância é a rapidez na solução de problemas empresariais. Não pode a empresa moderna ficar na dependência de soluções judiciárias para continuar sua vida. O tempo normal da morosidade da justiça para a resolução definitiva de um processo é de dez anos, o que perturba e amarra o desenvolvimento das atividades empresariais.

Um importante conglomerado de órgãos de comunicação, verdadeiro império econômico, encontra-se em estado pré-falimentar, com impostos atrasados e salários sem pagar, ameaçado de fechamento com incontáveis prejuízos à coletividade. Várias soluções já foram apresentadas, mas todas esbarram na espera de certas soluções judiciais que se eternizam. Está *sub judice* o direito de propriedade da maioria das ações da empresa, aguardando o fim de processos que estão correndo há mais de dez anos. Inúmeras empresas encontram-se na mesma situação: não podem tomar importantes decisões, por aguardarem algum provimento judicial, com interminável espera.

A maioria das empresas brasileiras encontra-se em esquisita e delicada situação quanto ao cumprimento de contratos. Se duas empresas têm problemas a resolver, referentes a um contrato que celebraram, necessário se torna que tais problemas sejam resolvidos de forma justa, adequada e rápida. Caso contrário, o relacionamento entre elas estará detido ou tumultuado e o cumprimento do contrato ameaçado. O velho brocardo de que "a justiça tarda, mas não falha" é uma falácia, uma enganação: se a justiça tarda, ela já é falha. Mais precisamente, a justiça tardia é a negação da justiça; é justiça inexistente. É, pois, o apanágio da justiça moderna, de pretensão empresarial: a celeridade. E não se pode alegar o provérbio de que a pressa é inimiga da perfeição; não se requer pressa, mas presteza.

Só para dar uma ideia do que representa a morosidade na solução de problemas, vamos citar um exemplo ocorrido entre nós. No início do século XX, um grupo de proprietários rurais constituiu uma empresa para construir uma estrada de ferro, que se chamou Companhia Paulista de Estradas de Ferro. O Poder Público colaborou com a iniciativa, desapropriando longa faixa de terra em que a estrada passaria. Até hoje não foi pago o valor da desapropriação e o processo de cobrança corre na Justiça de São Paulo. Todos os desapropriados já morreram e também seus filhos. A terceira geração continua dando prosseguimento aos processos, que se arrastam há mais de um século, uma vez que foram já julgados há 40 anos e o Poder Público foi condenado a pagar as indenizações, mas não foram pagas em virtude de minúcias judiciárias.

## *Sigilo*

Examinemos a segunda exigência empresarial para a justiça considerada conveniente: o sigilo. Não é do interesse das empresas que suas divergências referentes à interpretação da execução de um contrato se tornem do domínio público. Nem é interesse delas que seus contratos fiquem no fórum, à disposição de quem possa se interessar. As discussões empresariais podem ter utilidade para a concorrência, mas, são de enorme inconveniência para as empresas. Predomina no processo judicial o princípio da publicidade, excetuando-se alguns casos de segredo de justiça. Discute-se num processo, muitas vezes, segredo de fábrica, como a fórmula de um remédio, comportamento financeiro de empresa, direitos reservados, tecnologia de produção, *know-how*, dificuldades de caixa, cuja divulgação traz manifestos prejuízos para as partes.

## *Maleabilidade*

Em terceiro lugar, podemos nos referir à maleabilidade da arbitragem na adoção do direito aplicável, sem a rigidez do direito comum, continuador da rigidez romana. As partes desfrutam mais esta faculdade: além da livre escolha dos juízes arbitrais, fica-lhes reservada também a livre escolha do direito aplicável no julgamento. Cada caso examinado apresenta características próprias, afastando-se da aplicação de normas tradicionais do direito de inspiração romana. O juiz togado encontra-se inibido de adequar o direito à solução do processo em tela, apesar de a Lei de Introdução ao Código Civil, no art. 5º, dar-lhe a faculdade de liberalizar a aplicação da lei, ao dizer que poderá ele levar em conta os fins sociais a que ela se dirige e as exigências do bem comum. O juiz arbitral está mais à vontade, desde que as partes tenham decidido lhe dar essa liberdade. É possível, então, se desvencilhar do anacrônico, superado e rígido direito criado há 2.000 anos e a dez mil quilômetros de São Paulo. No procedimento arbitral não há recursos judiciais, mandados de segurança e outros entraves ao encaminhamento da questão.

## Confiabilidade

Outro aspecto a ser considerado é o da confiabilidade do julgamento arbitral. O árbitro, ou os árbitros, são escolhidos pelas partes, sendo-lhes, portanto, facultado arredar do julgamento de sua questão quem não lhe mereça confiança. Não poderá qualquer das partes reclamar da decisão arbitral, visto que o prolator da sentença teve a sua aprovação antes de iniciar-se o processo. Durante o processo poderão ser levantadas exceções. Se o árbitro se revela moroso, complicado ou não cumpre seus deveres, as partes o destituem de imediato e nomeiam outro.

## Especialidade

Como quinta característica desse esquema de solução de litígios empresariais deve ser citada a especialidade. A complexidade das modernas relações empresariais criou um novo direito e os problemas são de tal maneira *sui generis* que dificilmente poderão ser analisados, compreendidos e julgados a não ser por pessoas especializadas. Apontemos, como exemplo, o que ocorre com numerosos julgamentos referentes à prestação de serviços médicos: são problemas de tal maneira especializados, que só poderão ser julgados por pessoas especializadas. Como exemplo, podemos citar a ARBITRAGIO, que instalou um tribunal especializado em questões imobiliárias, em conexão com o órgão representativo dos corretores de imóveis.

O juiz, de formação jurídica, pode-se servir de laudos técnicos, apresentados pelas partes e por assistente técnico da escolha judicial, conforme preceitua o Código de Processo Civil. Esse sistema é superado e ineficaz há muitos anos, razão pela qual se eternizam as questões em julgamento.

## Baixa contenciosidade

Chegamos agora à última das seis características levantadas, como as mais importantes, malgrado haja muitas outras deixadas de lado, por não apresentarem a mesma relevância. É o alto nível das discussões, a baixa contenciosidade. Problema sério do direito atual e da vida forense, causando dificuldade e ineficácia ao próprio Poder Judiciário, é a elevada contenciosidade dos processos judiciais. Longa série de fatores acirram o ânimo das partes, fazendo-as descer ao nível dos insultos e revelações inconvenientes. O pretório transformou-se numa arena de gladiadores em luta encarniçada. Essas circunstâncias dificultam o andamento do processo, o julgamento da questão e a eficácia da solução. Urge encontrarmos o meio adequado de arrefecimento dos ânimos, sem o que não se poderá chegar a soluções adequadas. Essa troca de farpas e insultos não pode caber em discussões de problemas empresariais. Empresas não têm sentimentos feridos; não têm honra e outros sentimentos próprios de pessoa natural. Empresas têm interesses a tratar; direitos a defender. Seu interesse é a justa composição da lide e minimização de prejuízos.

## 13.4. Tipos de arbitragem

É conveniente referir-se aos vários tipos de arbitragem. São de direito público ou de direito privado, nacional ou internacional, civil ou empresarial. A arbitragem de direito público é a que se aplica ao julgamento de divergências entre países ou pelo Estatuto da Corte Permanente de Arbitragem, órgão sediado em Haia (Holanda), existente há mais de um século. Não é desse tipo de arbitragem a que estamos nos referindo, mas trataremos da arbitragem empresarial. A arbitragem pode ser nacional e internacional. Será nacional, se dirimir controvérsias entre empresas nacionais ou quando aplicar a lei de um só país. A internacional julga questões que exijam a aplicação da lei de dois ou mais países.

O que estamos examinando, porém, é a arbitragem empresarial, de direito privado e essencialmente nacional. É ela regulamentada pela Lei 9.307/96, chamada Lei da Arbitragem ou Lei Marco Maciel, por ter sido da iniciativa do Vice-presidente da República daquela época. Trata-se de lei de boa feitura, ampla na sua disposição, dando eficácia à arbitragem. Regulamenta, em vários capítulos, a instauração da arbitragem, os árbitros, o procedimento arbitral, as normas aplicáveis, a sentença arbitral, a homologação de sentenças estrangeiras.

Para melhor compreensão dessa lei, temos, entretanto, de nos referir a outros diplomas jurídicos que a inspiraram, mesmo porque possuem eficácia no Brasil. A primeira invocação, no nosso caso, é o Regulamento da CIA – Corte Internacional de Arbitragem, órgão pertencente à CCI – Câmara de Comércio Internacional.

A maioria dos contratos internacionais trazem cláusula de eleição de foro, escolhendo a CIA como órgão julgador, ou, então, aplicando o estatuto desta, ainda que esteja o julgamento a cargo de outra câmara arbitral.

Duas convenções internacionais regulamentaram a arbitragem num sentido geral, celebradas em Genebra em 1923 e 1928. O Brasil participou dessas convenções, transformadas em leis brasileiras. Importantíssima foi a Convenção de Nova York, regulamentando a arbitragem privada, a que o Brasil aderiu. Como, entretanto, se trata de convenção adotada pelos principais países, devemos obedecê-la se ela for invocada em contratos empresariais.

Importante ainda é a Lei Modelo da UNCITRAL, de que faremos algumas referências. A ONU vem divulgando em todos os países a cultura da arbitragem, trabalhando intensamente para manter certa uniformidade na legislação arbitral dos países que a adotarem. Este trabalho processa-se graças a dois órgãos da ONU:

### *Uncitral – United Nations Conference on International Trade Law*

Este órgão tem várias funções. A principal delas é a elaboração de um código comercial internacional, visando à harmonização e uniformização do direito empresarial no mundo todo. Enquanto esse código não sai, a UNCITRAL desenvolve ação divulgando a regulamentação de contratos internacionais e colaborando com os países no estabelecimento de legislação de direito empresarial, atendendo a essa uniformização.

A UNCITRAL conta com a assistência técnica da CCI, na elaboração de normas a serem aplicadas na regulamentação do comércio internacional (*trade*). Se fôssemos considerar esse órgão da ONU em nosso idioma, o chamaríamos: CNUDCI – Conferência das Nações Unidas para o Direito do Comércio Internacional. A ação de maior interesse no que tange à arbitragem é que a UNCITRAL elaborou a lei-modelo de arbitragem, com a colaboração técnica da CCI. Essa lei-modelo é bem ampla e genérica, de tal forma que a arbitragem pode ser adaptada em qualquer país. Vários países reformularam sua legislação, com base nela. Foi o que aconteceu com o Brasil, cuja lei básica da arbitragem, a Lei 9.307/96, incorpora muitas disposições da lei-modelo da UNCITRAL e de convenções internacionais.

### *Unctad – United Nations Conferece on Trade and Development*

Este órgão da ONU atua paralelamente à UNCITRAL, mas esta é um órgão jurídico, enquanto a UNCTAD ocupa-se das práticas do comércio internacional, procurando regulamentar as operações econômicas internacionais, visando a desenvolvê-las e harmonizá-las. Uma das formas para atender a esse objetivo é a da aplicação da arbitragem para a resolução de disputas no comércio internacional.

## 13.5. Como se institui o juízo arbitral

É preciso que as partes estejam de acordo; é uma opção das partes. Podem elas apelar para a justiça pública, mas, se não quiserem assim, apelarão para a arbitragem. Não pode haver imposição da arbitragem; ela depende de uma convenção entre as partes: é, portanto, uma justiça convencional. Essa convenção é chamada de convenção arbitral.

Quem poderá requerer a arbitragem e em quais casos é o que a lei vai dispor. Segundo o art. 1º da Lei Arbitragem:

> *As pessoas capazes de contratar poderão valer-se da arbitragem para dirimir litígios relativos a direitos patrimoniais disponíveis.*

Toda empresa registrada na Junta Comercial será parte capaz de contratar. O registro no órgão público competente dá à empresa personalidade jurídica, ou seja, capacita-a a adquirir direitos e contrair obrigações. Poderá, portanto, celebrar a convenção arbitral, que apresenta as características de um contrato. Todos os direitos de uma empresa são disponíveis, vale dizer, admitem transação. Por tais razões, a arbitragem é um instituto tipicamente empresarial, malgrado seja aplicado a relacionamentos jurídicos na órbita civil. É também capaz, a sociedade civil.

A convenção arbitral pode ser, porém, de dois tipos, os quais determinarão dois tipos de arbitragem.

## Compromisso

É a convenção celebrada pelas partes para a resolução de uma controvérsia já existente entre elas, questão esta que poderá até mesmo estar sendo discutida na justiça. Haverá, então, o compromisso judicial e o extrajudicial.

O compromisso arbitral judicial será celebrado por termo nos autos, perante o juízo ou tribunal em que tem curso a demanda. Neste caso, o juiz extinguirá o processo, liberando os autos para as partes, a fim de serem encaminhados ao juízo arbitral. Aliás, o Código de Processo Civil prevê como uma das causas para a extinção do processo, no inciso VII, a convenção de arbitragem.

## Cláusula compromissória

Esta convenção arbitral é uma cláusula inserida num contrato. Os contratos trazem normalmente a cláusula denominada "eleição de foro". Poderá também esta cláusula estabelecer que possíveis divergências entre as empresas contratantes devam ser resolvidas por arbitragem, indicando, ainda, a que órgão arbitral institucional ou entidade especializada perante os quais a arbitragem será instituída e processada. Como órgão arbitral institucional, podemos apontar, como exemplo, a CIA – Corte Internacional de Arbitragem e como entidade especializada a Associação Brasileira de Arbitragem – ABAR. Há muitas outras cortes arbitrais em São Paulo e em várias cidades brasileiras, estando registradas em São

Paulo mais de duzentas câmaras arbitrais, como, por exemplo, a *Arbitragio – Câmara de Mediação e Arbitragem em Relações Negociais*.

Fala a cláusula compromissória de um potencial litígio; ele ainda não existe, mas poderá surgir a qualquer momento. Esse tipo de convenção antecede ao litígio, tendo, pois, um caráter preventivo. A solução de uma controvérsia ficou prevista pela cláusula compromissória, constando no próprio contrato sobre o qual passa a haver alguma dúvida futura. Esta cláusula deve ser estipulada por escrito, podendo estar inserta no próprio contrato ou em documento apartado, que se refira a esse contrato. É de natureza contratual, pois é estabelecida por comum acordo e só se refere a um contrato. É mais uma razão para apoiar a ideia de que a arbitragem é aplicável marcantemente na área contratual. Não existe no direito brasileiro cláusula compromissória a não ser referente a um contrato e estabelecida de forma contratual.

Procurou precaver-se a lei brasileira quanto aos abusos que possam originar-se do contrato de adesão, tipo de contrato muito em moda hoje em dia e de crescente domínio. O contrato de adesão é elaborado por uma das partes, estabelecendo todas as cláusulas. A proposta desse contrato é apresentada pela parte elaboradora, de posição claramente forte e predominante, à outra parte, que se vê na posição de aceitar as cláusulas em bloco, ou não celebrará o contrato.

No contrato de adesão, a cláusula compromissória só terá eficácia se for escrita em letras bem realçadas, distinguindo-se das demais cláusulas. Ou, então, se for celebrada em documento à parte, como aditivo ao contrato. Poderá ainda vir após a assinatura do contrato, com letras mais salientes e com nova assinatura. Assim deve ser feito no contrato de trabalho, de seguros, contratos bancários e outros em que são celebrados em impresso próprio.

Poderão as partes indicar na convenção, além da adoção da arbitragem, também o nome do árbitro que deverá julgar a questão, ou o órgão arbitral ou entidade especializada, como, por exemplo, a Associação Brasileira de Arbitragem – ABAR.

## 13.6. O passivo judicial das empresas

Realidade pouco divulgada na vida empresarial é a vultosa dívida decorrente de processos judiciais, colocando em situação instável as empresas brasileiras. Bastaria citar o passivo trabalhista formado pelas reclamações de empregados na Justiça do Trabalho. Em todo o Brasil correm mais de dois milhões de processos trabalhistas, cujos valores cobrados atingem patamares bem acima de todo o meio circulante no país. Verdade é que a maioria desses processos não chegam ao fim e os valores reclamados constituem mera ficção. Todavia, são valores *sub judice*, documentados pelo próprio processo e poderão ser julgados procedentes.

Muitas empresas sofrem processos cujo montante reclamado ultrapassa todo o seu capital e seu patrimônio. A procedência de uma só ação poderia engolir seu capital. Se uma empresa exerce ação judicial, o valor defendido é sempre contabilizado e lastreado por documentos, como, por exemplo, duplicata. As cobranças contra ela, mormente as trabalhistas, contudo, não são contabilizadas, malgrado tenha sido ela citada para os termos dessa ação. Se fosse ela contabilizar esses débitos, estaria financeiramente estourada. É esse o estado da maioria das empresas do Brasil. Embora seja um estado artificial, não deixa de ser alarmante.

Saindo, porém, da área trabalhista, nos encontraremos defronte a uma situação constrangedora. Muitas empresas necessitam de tomar decisões importantes, mas se encontram inibidas de tomar qualquer iniciativa, por dependerem de decisões judiciais, aguardadas há muitos anos. Os processos judiciais tolhem as iniciativas empresariais, emperram o desenvolvimento econômico, acirram litígios de toda espécie e estimulam as fraudes e as aventuras. Não há, portanto, justiça, pois justiça tardia é a negação da justiça. O juiz que retarda o exercício de suas funções jurisdicionais está negando a justiça. A velha e surrada frase de que "a justiça tarda, mas não falha" é uma falácia, uma enganação; se a justiça tarda, ela já é falha.

Há um desassossego, um estado de angústia empresarial. Todo empresário sabe que a espada de Dâmocles pende sobre sua cabeça. Cabe ao Direito Empresarial encontrar a solução para essa angústia que está se tornando insuportável para as empresas do Brasil. E a solução está apresentada pela Lei 9.307/96, dando novos contornos e eficácia à arbitragem. Urge a imediata adoção de meios alternativos para a solução de controvérsias empresariais. De nada poderia adiantar a modernização do Direito Empresarial, se ele não tiver mecanismos adequados de aplicação.

### 13.7. A remuneração da arbitragem

Sendo a arbitragem uma justiça privada, exercida por juízes privados, não há participação estatal. Os árbitros são indicados pelas partes contendentes ou elas escolhem qual o tribunal arbitral a encarregar-se do julgamento. Cabe, então, a elas a remuneração do serviço prestado e a remuneração dos árbitros. Essa remuneração será combinada entre as partes litigantes e o árbitro, caso se trate de árbitro singular. Caso, entretanto, se trate de um tribunal institucionalizado, ou seja, uma entidade especializada em arbitragem, cada uma tem sua tabela de preços. Geralmente, é uma porcentagem sobre o valor da causa, havendo um limite mínimo e máximo.

Essa jurisdição paga contrapõe-se à jurisdição gratuita. Há várias ponderações necessárias a este respeito. A justiça pública não é totalmente gratuita: há custas do processo, a juntada de mandato, da diligência do oficial de justiça, publicação de editais e muitas outras. As cópias de peças processuais são de preço elevado. Deve-se levar em conta os inúmeros gastos de idas e vindas ao fórum, de audiências, que vão se acumulando pelos anos afora. É dispendiosa para as empresas a manutenção de um advogado ou departamento jurídico. Ao final, o processo custou preço bem elevado.

Não é o que ocorre na arbitragem. O advogado tem um prazo bem curto para o seu trabalho, que é mais facilitado e produtivo. Segundo o artigo 23 da Lei da Arbitragem, as partes em litígio poderão prever o prazo desejado por elas, como, por exemplo, um mês. Caso não fique estabelecido esse prazo, vigora então o prazo legal, que é de seis meses. Se o juízo arbitral não prolatar a sentença no prazo legal, ou no prazo convencionado pelas partes, poderá responder civil e criminalmente por essa desídia, podendo até ser alvo de ação de reparação de danos, se a falha tiver causado danos para uma ou ambas as partes.

Sendo o trabalho do advogado bem mais rápido e facilitado, sua remuneração poderá ser bem menor. O trabalho exercido durante um mês é menos dispendioso do que o exercido durante dez anos. De forma alguma será o advogado prejudicado. Nas atuais circunstâncias, é por demais ilusória a remuneração do trabalho advocatício: recebe o advogado previamente sua remuneração e por ela terá de trabalhar anos a fio; será cobrado pela sua cliente a solução do feito e terá gastos de condução e recolhimento de custas. Cedo verá o advogado que sua remuneração foi corroída por gastos contínuos, enquanto se esfalfa e se desgasta.

Numa análise mais profunda, será visto que a arbitragem racionaliza o trabalho de uma empresa, diminuindo seus custos operacionais. Por outro lado, racionaliza também o trabalho do advogado, valorizando sua remuneração. Poderá ele, assim, apresentar menores exigências, provocando maior volume de ações.

### 13.8. As raízes brasileiras da arbitragem

O Brasil nunca foi indiferente à arbitragem, malgrado tenha ela emergido com vigor apenas com o advento da Lei 9.307, de 23/09/96. Durante o Império e mesmo nos primórdios de nossa vida como nação independente e soberana, antes que se elaborasse legislação nativa, vigoravam as Ordenações do Reino, em que a arbitragem era admitida. Proclamada a Independência, surgiu nossa primeira constituição, em 1824, prevendo a resolução de divergências jurídicas civis por meio da arbitragem.

Em 1850, porém, passa a vigorar o nosso Código Comercial, apontando a arbitragem como fórmula de solução para vários tipos de controvérsias no âmbito empresarial. Incisivo é o art. 783, ao apontar a arbitragem para a solução de divergências em operações de comércio marítimo. O art. 302, na alínea 5, diz que o ato constitutivo de uma sociedade mercantil deve trazer a "forma da nomeação dos árbitros para juízes das dúvidas sociais". O art. 294 é ainda mais peremptório:

> Todas as questões sociais que se suscitarem entre sócios durante a existência da sociedade ou companhia, sua liquidação ou partilha, serão decididas em juízo arbitral.

Posteriormente, a arbitragem foi regulamentada de forma ampla pelo Código Civil de 1916, nos arts. 1.040 a 1.047 e seu *modus faciendi* no Código de Progresso Civil de 1939, confirmado pelo atual CPC, de 1973. Essas partes foram derrogadas pela atual Lei de Arbitragem, mais propriamente dizendo, as disposições do Código Civil e do CPC não foram revogadas, mas incorporadas na nova Lei da Arbitragem.

Havia, portanto, um substrato legislativo da arbitragem antes que a nova lei fosse elaborada. Não estão sendo aqui invocadas as raízes internacionais, mas apenas as nacionais. Podemos ainda citar a prática da arbitragem no Brasil, como, por exemplo, as resoluções dos problemas relacionados ao Território do Acre e ao das Missões e o estabelecimento dos limites territoriais do Brasil e países limítrofes, todos resolvidos por arbitragem. Foi no julgamento arbitral dessas questões que se realçou a atuação do Barão do Rio Branco, como advogado do Brasil.

Podemos, ainda, fazer referência ao fato de o Brasil, além de submeter-se à arbitragem, atuou também como árbitro em certas questões internacionais ocorridas no século passado.

## 13.9. As lições do passado

E não se trata de nenhuma novidade. A arbitragem tinha sido prevista no Código de Hamurabi, da antiga Babilônia, há 2.800 antes de Cristo. Foi decantada pelos grandes filósofos gregos e na antiga Roma foi regulamentada por leis diversas, e assim hoje essa regulamentação prevalece, tendo sido mais aplicada do que a Justiça romana. Na Idade Média ela predominou porquanto as nações emergentes da conquista do Império Romano custaram para formar o Poder Judiciário. Ela venceu airosamente em todos esses séculos, provando sua eficácia.

No mundo moderno, a arbitragem predomina em grande parte dos países mais adiantados, como os países europeus. Nos Estados Unidos da América 80% dos litígios são resolvidos por arbitragem. No Canadá, a incidência é ainda maior. Nas duas Coreias, de regimes tão diferentes, vigora a mesma lei arbitral. Na antiga União Soviética, de regime centralizador, em que tudo é concentrado nas mãos do Estado, este abriu mão do monopólio estatal da justiça e reservou poderes à arbitragem, que passou a manter posição de superioridade até mesmo ante a justiça do Estado.

A preponderância da arbitragem no Japão é absoluta; bastaria dizer que normalmente correm no judiciário japonês 2.000 processos de natureza trabalhista, enquanto no Brasil correm mais de dois milhões. Um desses países deve estar errado, pois não se pode compreender tamanho paradoxo.

# 14. DESCONSIDERAÇÃO DA PERSONALIDADE JURÍDICA DA SOCIEDADE

**14.1.** A personalidade jurídica da sociedade
**14.2.** O mau uso da personalidade
**14.3.** A *Disregard Theory*
**14.4.** A reação à fraude e ao abuso
**14.5.** A posição do Judiciário
**14.6.** A previsão legal brasileira

## 14.1. A personalidade jurídica da sociedade

Examinamos a personalidade jurídica da sociedade e vimos que ela começa a existir no momento em que se registra no órgão competente, mais precisamente o Cartório de Registro Civil de Pessoas Jurídicas para a sociedade simples e a Junta Comercial para os demais tipos de sociedade. É o que também prevê o art. 45 do novo Código Civil:

"Começa a existência legal das pessoas jurídicas de direito privado com a inscrição do ato constitutivo no respectivo registro, precedida, quando necessário, de autorização ou aprovação do Poder Executivo, averbando-se no registro todas as alterações por que passar o ato constitutivo".

Assim sendo, ao ser registrada e recebendo a certidão de registro, a sociedade já tem existência legal, o que lhe dá a personalidade jurídica. Ela está apta a adquirir direitos e contrair obrigações. Com o registro, quatro aspectos vão-se realçar nela:
- Capacidade patrimonial, podendo possuir patrimônio próprio, desvinculado do patrimônio das pessoas que a compõem;
- Capacidade de adquirir direitos;
- Capacidade de contrair legalmente obrigações;
- Capacidade de atuar em juízo, ativa e passivamente.

Ao adquirir a personalidade jurídica, ela terá existência própria e autônoma, o que a capacita ainda a possuir um patrimônio próprio. Essa autonomia observa-se ainda ante as pessoas que a compõem. A sociedade é uma pessoa jurídica constituída de duas ou mais pessoas, geralmente físicas, mas há possibilidade de haver sociedades sócias de outra. Cada uma terá pois sua personalidade jurídica e patrimônio próprio, que não se confundem nem se comunicam. O antigo Código Civil mostrava-nos no *caput* do art. 20:

> *As pessoas jurídicas têm existência distinta da de seus membros.*

Esse artigo foi abolido no novo código, o que nos leva a crer que a autonomia da sociedade e de seus membros não é mais absoluta.

## 14.2. O mau uso da personalidade

A autonomia patrimonial, ou seja, a dualidade da personalidade jurídica da sociedade e de seus sócios, tem sido por demais explorada, para ensejar fraudes ou abuso de direito. Muitos espertalhões encontraram na autonomia patrimonial um esquema para enriquecer-se, isentando-se das sanções que normalmente adota a lei para atos fraudulentos. Constituem então uma sociedade e esta pratica uma série de falcatruas, responsabilizando-se por seus atos. Enquanto isso, os sócios que dirigem a sociedade saem ilesos dessas responsabilidades, auferindo as vantagens dos atos sociais.

A utilização da sociedade como escudo tornou-se muito vulgar na área falencial, ensejando o surgimento e desenvolvimento da "indústria de falências". É golpe já bem vulgarizado em São Paulo e Rio de Janeiro, mas está se espalhando por todo o Brasil. É bem conhecida essa aventura: alguns espertalhões constituem uma sociedade e com ela contraem muitas obrigações, levantando empréstimos, adquirindo bens e formando um patrimônio efêmero. Em seguida, pedem concordata, suspendendo os pagamentos.

No período da concordata, os bens vão sendo vendidos e o dinheiro desaparecendo sob múltiplas formas. Não sendo cumprida a concordata, a falência é decretada. Ao fazer-se a arrecadação para a composição da massa falida, constata-se que a sociedade não possui mais patrimônio algum. Desaparece também a documentação contábil, apurando-se que se tratava de organização fantasma, a famosa "arara". Às vezes, os empresários que manobravam essa sociedade fantasma nem mesmo colocavam seu nome no registro, utilizando "laranjas".

Ora, uma sociedade não pode ser mandada para a prisão e, portanto, não haverá sanções penais para os crimes cometidos em seu nome. Na área cível, assume ela a responsabilidade por todos os prejuízos causados a terceiros. Como entretanto o patrimônio dela esvaiu-se, não poderá haver reparação dos danos causados.

No caso da Sociedade Simples não ocorre a falência, mas a *Disregard Theory* se aplica a ela em outras situações, desde que ela seja usada para fraudes. Geralmente, a Sociedade Simples não tem grande patrimônio, como estoques de mercadorias, maquinaria, imóveis, por se tratar de prestação de serviços e seu uso como "arara" é mais restrito do que a que se faz com a Sociedade Empresária. Mesmo assim, não deixa de ensejar fraudes, independentemente da falência. Por isso o artigo 50 do Código Civil estendeu a ela a aplicação da desconsideração da personalidade jurídica, como se deduz de sua redação.

## 14.3. A *Disregard Theory*

Um desses subterfúgios provocou ampla reação: foi o caso da Salomon Brother, numa questão movida por Salomon contra Salomon & Cia. O fato deu-se na Inglaterra, mas maior repercussão teve nos EUA. Urgia uma medida contra a fraude e o abuso de direito que grassavam na exploração da sociedade por seus dirigentes. Foi quando em várias partes do mundo, EUA, Itália e Alemanha começou a elaboração de nova doutrina, designada como *Disregard Theory*, *Disregard Doctrine*, ou *Disregard of Legal Entity*.

Essa doutrina propugna pela desconsideração da personalidade jurídica da sociedade quando for utilizada para se perpetrar fraudes ou abusos de direito. Assim sendo, se a Justiça notar que alguém fez uso de uma pessoa jurídica para prejudicar terceiros, auferindo vantagens, embora com licitude aparente, poderá desconsiderar a personalidade jurídica dessa sociedade, transferindo suas responsabilidades para os dirigentes que a usaram.

Não se trata a *Disregard Theory* de anulação da personalidade, mas medida de sua defesa. Não afronta a teoria da personalidade jurídica. Visa a preservar a personalidade jurídica da sociedade, evitando que colha sanções destruidoras de sua sobrevivência. Transferindo essas sanções para a pessoa daqueles que a infelicitaram, a *Disregard Theory* recompõe o patrimônio ferido da sociedade vitimada.

## 14.4. A reação à fraude e ao abuso

Ao avolumar-se a onda de golpes fraudulentos contra a economia coletiva, movidos por pessoas inescrupulosas, que se ocultavam sob uma pessoa jurídica, começou o movimento de reação contra essa prática. Na Itália, Alemanha, França, Argentina e principalmente nos EUA, foram-se elaborando doutrinas de interpretação do abuso da personalidade jurídica das pessoas jurídicas, principalmente das sociedades. Receberam nomes próprios diferentes:
- *Superamento della personalità giuridica*, na Itália;
- *Durchgriff der juristischen personen*, na Alemanha;
- *Mise à l'écart de la personalité morale*, na França;

- *Teoria de la penetración*, na Argentina;
- *Disregard Theory, Disregard of legal entity*, ou *Disregard Doctrine*, nos EUA.

Foi, porém, nos EUA que a *Disregard Doctrine* se consolidou, ingressando na legislação de forma definida e esquematizada. Deu ela aos magistrados norte-americanos os instrumentos necessários para atingir a responsabilidade pessoal de empresários espertalhões, quando estes causavam prejuízos a outrem em beneficio próprio, servindo-se, porém, da sociedade que lhes pertencia. Em vez de servir-se do tradicional *testa de ferro*, também chamado "homem de palha", que os franceses apelidaram de *prête-nom* (empresta o nome), e nossa gíria forense chama de *laranja*, utilizam então uma sociedade, fazendo-a praticar fraude.

Fatos assim são públicos e notórios, repetindo-se por série interminável. Em dezembro de 2001, várias CPIs (Comissões Parlamentares de Inquérito) publicaram relatório final, comprovando que as associações esportivas, entidades esportivas e sociedades civis e mercantis vinham sendo usadas por dirigentes inescrupulosos para enriquecimento ilícito, grande parte deles políticos importantes e membros dos poderes diretivos do país. Os órgãos de comunicação de todo o país publicaram com muito realce as conclusões a que chegaram os parlamentares, demonstrando não somente crimes comuns, mas também de repercussão social, como lavagem de dinheiro, evasão de divisas, sonegação de impostos, corrupção da máquina administrativa do governo e vários outros. As associações esportivas estavam sempre em situação de insolvência, mas seus dirigentes enriqueciam-se constantemente. Em termos empresariais, esses fatos ficam amplamente relatados nos processos judiciais, principalmente nos procedimentos falimentares.

Nos dias de hoje, a desconsideração da personalidade jurídica está sedimentada em quase todos os países; a reação brasileira é posterior. Está em nosso Direito Positivo, de forma clara e insofismável no art. 28 do Código de Defesa do Consumidor e no art. 18 da Lei do Abuso do Poder Econômico. Atualmente, a questão foi aplicada de forma mais ampla no art. 50 do novo

Código Civil. Antes mesmo dessas disposições legais, a posição do Poder Judiciário já se revelara a favor da nova doutrina, como veremos adiante.

O professor Piero Verrucoli, da Universidade de Pisa, em publicação denominada *Superamento della Personalità Giuridica delle Società di Capitali nella Common Law e nella Civil Law*, defendeu a superação da personalidade jurídica da sociedade (embora só falasse nas sociedades de capitais e não nas de pessoas). Essa obra foi considerada a sistematização da doutrina da superação da personalidade jurídica, dando esse nome a ela, nome também adotado no direito brasileiro, apenas mudando o termo superação por desconsideração. Restringe, porém, o Professor Piero Verrucoli a aplicação a cinco motivos:

1. Realização direta dos interesses estatais, como tributários e políticos;
2. Repressão da fraude à lei;
3. Interesses de terceiros se forem lesados por fraudes na constituição da sociedade ou elaboração do contrato;
4. Repressão da fraude ao contrato;
5. Realização dos interesses dos sócios *ut singoli*.

Como se observa, Verrucoli alarga mais as incidências, para além da fraude e abuso do direito. Esse parecer deve ter influenciado o direito brasileiro, pois nossa reação adota maior amplitude; o *caput* do art. 28 do Código de Defesa do Consumidor também aponta cinco razões e ainda estende a doutrina aos casos de insolvência.

O art. 50 do novo Código Civil parece alargar ainda mais a aplicação da *Disregard*, pois fala em *certas e determinadas relações de obrigações*, sem limitar essas relações. Vamos transcrevê-lo desde já:

"Em caso de abuso da personalidade jurídica, caracterizado pelo desvio de finalidade, ou pela confusão patrimonial, pode o juiz decidir, a requerimento da parte ou do Ministério Público quando lhe couber intervir no processo, que os efeitos de certas e determinadas relações de obrigações sejam estendidos aos bens particulares dos administradores ou sócios da pessoa jurídica".

## 14.5. A posição do Judiciário

Nossos tribunais foram avessos, a princípio, à aceitação da *Disregard,* chamada por alguns juízes de "doutrina de penetração" e por outros "desconsideração da personalidade jurídica", nome que acabou predominando. Baseavam-se no art. 20 do antigo Código Civil, então lei vigente, e não cabe ao juiz fazer leis, mas aplicá-las. Agora, porém, a doutrina se faz presente na lei, com o Código de Defesa do Consumidor e com a Lei do Abuso do Poder Econômico. Recentemente, o novo Código Civil implantou-a de forma soberana, mas não sabemos ainda os efeitos dela e como será aplicada, por ser inovação. Embora seja legalmente aplicada a casos específicos, pode-se estendê-la a outros casos semelhantes por influência da analogia. Por que só seria aplicada quando o interesse do consumidor for afetado e não o de outras vítimas? Não vigora mais o princípio de que todos são iguais perante a lei? Por que também só as vítimas de abuso do poder econômico?

Foram razões que fundamentaram a jurisprudência em favor da desconsideração da personalidade jurídica. Por isso, já se notava a aceitação de se desconsiderar a pessoa jurídica em relação à pessoa de quem se oculta sob ela e que a utiliza fraudulentamente. Tomemos por base o egrégio Tribunal de Justiça de São Paulo, com várias decisões, repelindo a aplicação da doutrina em casos diversos, embora não tivessem sido bem caracterizados os fatores de fraude ou abuso de direito. Entretanto, seguindo o consagrado princípio de que "proibir o abuso é consagrar o uso", os próprios acórdãos passaram a observar a desconsideração da personalidade jurídica se por ventura fossem constatadas fraudes ou então abuso do direito: passou a ser olhada com simpatia.

Vejamos, por exemplo, a decisão do TJSP em 14.06.94, ao julgar a Apelação 239.606-2 (RT. 711/117):

> *Deduzindo-se dos autos que a atividade da sociedade foi mal administrada, dando azo ao seu encerramento irregular,*

*tudo com finalidade de fugir à responsabilidade de tais atos, fica a personalidade jurídica desconsiderada, a fim de que a penhora recaia sobre os bens dos sócios.*

Um ano antes, a opinião de nossa principal corte estadual tinha esposado opinião que viria influenciar vivamente outros acórdãos, em decisão de 27.10.93:

*A teoria da desconsideração da personalidade jurídica, ou doutrina de penetração, busca atingir a responsabilidade dos sócios por atos de malícia e prejuízo. A jurisprudência aplica essa teoria quando a sociedade acoberta a figura do sócio e torna-se instrumento de fraude.*

Em decisão mais recente (RT. 713/138), nosso Tribunal reconhece a aplicação da *Disregard* nas disposições da Lei 3.708/19, que regulava a sociedade limitada. Todavia, alarga ainda mais a incidência da desconsideração da personalidade jurídica para outros casos, conforme se vê nesse acórdão:

*Havendo abuso da personalidade jurídica, esta pode ser desconsiderada para, no caso concreto, admitir-se a responsabilidade pessoal, solidária e ilimitada dos sócios pelas dívidas da sociedade, independente das hipóteses do art. 10 do Dec. 3.708/19.*

Vemos no acórdão retrorreferido que a doutrina não se aplicava de forma genérica, mas a "casos concretos", vale dizer, devendo ser examinado cada caso *per se*. Pela ementa desse acórdão, a desconsideração da personalidade jurídica aplica-se a outros casos, de forma genérica, portanto, em campo muito largo. Além dessa abrangência, o acórdão considera a responsabilidade pessoal do sócio faltoso, como solidária e ilimitada, ainda que se trate de sociedade limitada ou da simples.

Por outro lado, nossa jurisprudência manifesta moderação em aplicar a *Disregard*, limitando sua área e realçando a personalidade jurídica da sociedade. Não visa essa doutrina a anular a personalidade jurídica da sociedade, mas a preservá-la. O instituto da personalidade jurídica está realçado em nosso ordenamento jurídico, mesmo antes do advento do novo Código Civil. A personalidade jurídica da pessoa jurídica e sua distinção da personalidade jurídica dos membros que a compõem não é arredado em nosso direito; apenas ela é "desconsiderada" para certos efeitos e, em determinados casos, em "fatos concretos" como diz a ementa. Vamos descrever outra parte do mesmo acórdão:

> *A aplicação da "Disregard Doctrine", a par de ser salutar meio de defesa para evitar a fraude via utilizações da pessoa jurídica, há de ser aplicada com cautela e zelo, sob pena de destruir o instituto da pessoa jurídica e olvidar os incontestáveis direitos da pessoa física. Sua aplicação terá que ser apoiada em fatos concretos que demonstrem o desvio da finalidade social da pessoa jurídica, como proveito ilícito dos sócios.*

Podemos deduzir dos quatro acórdãos examinados que nossa jurisprudência, consentânea com a doutrina da *Disregard Theory*, adota os seguintes pontos básicos:
1. Só deve ser aplicada a casos concretos;
2. A personalidade jurídica da sociedade fica preservada;
3. Deve ser invocada só quando os sócios utilizarem-se da sociedade com má-fé, comprovando-se fraude ou abuso de direito ou afronta à lei;
4. A responsabilidade dos sócios é solidária e ilimitada.

## 14.6. A previsão legal brasileira

Mesmo na vigência do Código Civil de 1916, a desconsideração da personalidade jurídica começou a entrar no direito brasileiro pelo Código de Defesa do Consumidor (Lei 8.078/90), sob o aspecto legislativo, uma vez que na jurisprudência já se notava sua invocação. Para facilitar os comentários, será conveniente transcrever o artigo em apreço.

> *Capítulo IV – Seção V*
> *Desconsideração da personalidade jurídica*
> *Art. 28. O juiz poderá desconsiderar a personalidade jurídica da sociedade quando, em detrimento do consumidor, houver abuso de direito, excesso de poder, infração da lei, fato ou ato ilícito ou violação dos estatutos ou contrato social. A desconsideração também será efetivada quando houver falência, estado de insolvência, encerramento ou inatividade da pessoa jurídica provocados por má administração.*
>
> *§ 1º. Vetado.*
>
> *§ 2º. As sociedades integrantes dos grupos societários e as sociedades controladas são subsidiariamente responsáveis pelas obrigações decorrentes deste Código.*
>
> *§ 3º. As sociedades consorciadas são subsidiariamente responsáveis pelas obrigações decorrentes deste Código.*
>
> *§ 4º. As sociedades coligadas só responderão por culpa.*
>
> *§ 5º. Também, poderá ser desconsiderada a pessoa jurídica sempre que sua personalidade for, de alguma forma, obstáculo ao ressarcimento de prejuízos causados aos consumidores.*

Veio depois indicada a Disregard of legal entity na Lei 8.884/94 sobre infrações contra a ordem econômica, adotando no art. 18 disposição bem semelhante à do art. 28 do Código de Defesa do Consumidor:

> *A personalidade jurídica do responsável pela infração da ordem econômica poderá ser desconsiderada quando houver por parte deste abuso de direito, excesso de poder, fato ou ato ilícito ou violação dos estatutos ou do contrato social. A desconsideração será efetivada quando houver falência, estado de insolvência, encerramento ou inatividade da pessoa jurídica provocados por má administração.*

Da legislação surgida, vamos notar que muitas razões poderão provocar a aplicação da *Disregard Doctrine* ou desconsideração da personalidade jurídica, além dos casos da doutrina original:

Abuso de direito – excesso de poder – infração da lei – fato ou ato ilícito – violação do estatuto ou do contrato social.

Os casos de aplicação ficam ainda ampliados quando houver falência, estado de insolvência, encerramento ou inatividade da sociedade, provocados por má administração. Naturalmente, a legislação refere-se apenas a casos em que a vítima seja um consumidor, ou quando se tratar de crimes contra a ordem econômica. Será possível, entretanto, apelar para a analogia e estender a desconsideração da personalidade jurídica para outras áreas semelhantes, sendo mesmo possível na área falimentar.

Os vários parágrafos do art. 28 colocam no âmbito da desconsideração as sociedades controladas, as sociedades integrantes de grupos societários, as consorciadas e as coligadas. Nesse caso, o sócio de uma sociedade é outra sociedade. O grupo de sociedades está previsto na Lei das S.A. Uma sociedade pode ser a principal acionista de outra e uma delas pode causar prejuízos a seus consumidores. Ao responder por esses prejuízos, constata-se que seu patrimônio foi diluído; nesse caso, o patrimônio da controladora ou a controlada ficará sujeito à execução.

Não muito tempo depois, a reação contra a utilização de uma sociedade em benefício do sócio reforçou-se com a Lei do Abuso do Poder Econômico (Lei 8.884/94). O art. 18 dessa lei alarga a aplicação da *Disregard Theory* a uma gama muito vasta de casos, elencados nos arts. 20 e 21 da mesma lei, em muitos incisos, mais precisamente 28. Esses casos agrupam-se em aspectos vários, como domínio irregular do mercado, cerceamento à livre concorrência ou livre-iniciativa, crimes contra a propriedade intelectual das empresas.

Nota-se que a redação desse artigo traz muito do correspondente artigo do Código de Defesa do Consumidor. O segundo parágrafo desse artigo é de enorme amplitude, pois uma sociedade que não pode responder por suas responsabilidades já é insolvente. Esse artigo é de aplicação quase total. Além disso, no caso de falência, não especificam ambos os artigos se a personalidade jurídica da sociedade é desconsiderada apenas em casos de consumidor ou infração à ordem econômica. Ainda que não sejam interpretados extensivamente, a analogia faz o alargamento aos demais casos.

Além dessas duas reações bem frontais, já se tinham notado no Brasil alguns brados de alerta. A Justiça do Trabalho vinha apresentando várias medidas judiciais de superação da personalidade jurídica, não só determinando penhora de bens particulares dos empresários que utilizam sua empresa em proveito próprio lesando terceiros, mas até mesmo decretando a prisão deles.

Outra área em que a responsabilidade pessoal dos sócios de uma sociedade pelos atos praticados por eles por via dela foi atingida é a tributária. O CTN – Código Tributário Nacional estabeleceu claramente essa responsabilidade nos arts. 134 e 135 nas obrigações tributárias resultantes de atos praticados com excesso de poderes ou infração da lei, contrato social ou estatuto. A linguagem adotada pelo CTN tem alguma semelhança com a dos recentes dispositivos sobre a *Disregard Theory*.

A Lei das S.A. faz distinção entre a S.A. e a figura de seu administrador, deixando bem clara a desconsideração da personalidade jurídica no art. 265. Não julgamos, porém, que essa distinção tenha base na *Disregard Theory*, pois cuida apenas da personalidade jurídica do acionista controlador ante à da sociedade dirigida por ele. Os casos de fraude ou de *ultravires societatis* cobertos pela *Disregard* envolve operações triangulares: sociedade – administrador – terceiros.

Por outro lado, os dois artigos comentados estendem a aplicação da teoria da superação à área falimentar ou em casos em que a atividade de uma empresa forem suspensas por má administração. Neste caso, a desconsideração é levada muito adiante, pois não implica fraude ou abuso de direito nessa *má administração*.

Com o advento no novo Código Civil, cessam quaisquer dúvidas de caráter legislativo quanto à definitiva implantação da teoria da desconsideração da personalidade jurídica na legislação brasileira, nos moldes considerados neste capítulo, referindo-se em seu art. 50 não apenas à sociedade mercantil ou civil, mas a qualquer pessoa jurídica, pelo que se vê:

*Em caso de abuso da personalidade jurídica, caracterizado pelo desvio de finalidade, ou pela confusão patrimonial, pode o juiz decidir, a requerimento da parte ou do Ministério Público, quando lhe couber intervir no processo, que os efeitos de certas e determinadas relações de obrigações sejam estendidos aos bens particulares dos administradores ou sócios da pessoa jurídica.*